U0505615

本书得到

福建省自然科学基金青创项目"重点生态区位商品林赎买定价：理论、机制与方法"（项目编号：2020J05065）

福建省科学技术协会科技创新智库课题"基于协同创新的'生态银行'多元主体价值共创机制研究"（项目编号:FJKX-A2112）

福建省社会科学研究基地财务与会计研究中心

福建江夏学院企业创新生态研究团队

资助

福建省社会科学研究基地财务与会计研究中心系列丛书

Series Books of Fujian Province Philosophy Social Science
Research Base Finance and Accounting Research Center

森林资源审计研究

林进添 / 著

RESEARCH ON

FOREST RESOURCES

AUDIT

中国财经出版传媒集团

经济科学出版社

Economic Science Press

前　言

2020 年 12 月 17 日，国务院新闻办公室举行新闻发布会，"十三五"以来，我国完成国土绿化面积 6.89 亿亩，完成森林抚育 6.38 亿亩，义务植树 116 亿株，全国森林覆盖率达到 23.04%，森林蓄积量超过 175 亿立方米，如期完成国土绿化"十三五"规划任务；同时"十四五"国土绿化目标基本确定，力争到 2025 年全国森林覆盖率达到 24.1%，森林蓄积量达到 190 亿立方米。未来，提升森林经营水平，兑现减排达峰承诺，推进生态文明建设，需着力发挥森林资源审计监督作用。

提升森林经营水平，是我国现代林业建设的核心。《全国森林经营规划 (2016—2050 年)》提出：以提高森林质量效益、充分发挥森林多种功能、实现森林可持续经营为目标，尊重林业自然规律和经济规律，分类经营、分区施策，全面提升森林经营水平，促进培育健康、稳定、优质、高效的森林生态系统，持续获取森林生态产品。森林资源审计要围绕林地面积、森林覆盖率、森林蓄积量和森林质量变化等方面，结合各区域实际，关注森林资源保护、开发利用、资金管理使用和项目建设运行，综合反映森林资源实物量和生态环境质量变化情况，推动建立健全森林资源节约集约利用和生态环境安全长效机制。以被审计领导干部任期内所在地区森林资源资产及生态环境质量变化情况为重点，以其任职期间履行森林资源资产管理和环境保护责任情况为主线，重点关注法律执行、政策落实、职责履行、资金使用等情况。

兑现减排达峰承诺，展现大国担当。2020 年 9 月 22 日，国家主席习近平在第七十五届联合国大会一般性辩论上表示，中国将提高国家自主贡献力度，采取更加有力的政策和措施，二氧化碳排放力争于 2030 年前达到峰值，努力争取 2060 年前实现碳中和。这是中国对国际社会的承诺，也是对国内的动员令，意味着中国在持续为减缓气候变化影响作贡献的基础上，按下了减碳的快进键。党的十九届五中全会又将"碳排放达峰后稳中有降"写入 2035 年远景目标。达峰行动对中国影响深远，跨越了"十四五"和"十五五"两个五年规划，对中国特色社会主义建设具有重大意义。从达峰到中和，发达国家的过渡期有 60 年至 70 年的时间，而我国只有 30 年的时间。想要达到碳中和，即用各种方式抵消排放的温室气体，减少排放和加大吸收，要双管齐下。森林面积的持续扩大和森林蓄积量的稳步提升，是未来我国应对气候变化、实现碳中和的关键路径之一。森林资源和森林碳汇将扮演越来越重要的角色。森林资源审计是我国兑现减排承诺的保障手段。

推进生态文明建设，是关系中华民族永续发展的千年大计。党的十九届五中全会坚持新发展理念、着眼推动高质量发展，强调"推动绿色发展，促进人与自然和谐共生"，对深入实施可持续发展战略、完善生态文明领域统筹协调机制、加快推动绿色低碳发展等做出重要部署。党的十九届五中全会提出，要坚持"绿水青山就是金山银山"理念，坚持尊重自然、顺应自然、保护自然，坚持节约优先、保护优先、自然恢复为主，守住自然生态安全边界。聚焦生态文明建设重大政策措施落实，开展生态文明建设相关政策落实情况的跟踪审计，涉及森林资源、水资源、湿地资源等领域，涵盖生态文明建设方针政策落实、自然资源资产管理和生态环境保护职责履行等内容。与传统的财政财务收支审计存在明显不同，森林资源审计要求审计主体尊重自然规律，纵深推进审计监督发挥作用。

奋力促进实现林业可持续经营发展，森林资源经营管理单位和相关主体有必要强化森林资源审计监督作用，以全面发现和准确揭示森林资源经营管理过程中存在的显性及隐性问题。全面推进森林资源审计工作，守护"绿水青山"，促进我国森林资源依法科学管理，需要有完善的森林资源审计理论支撑。因此，本书针对现阶段我国森林资源审计理论体系不完善、不健全的主要矛盾，重点围绕构建森林资源审计理论框架的中心任务，建立健全我国森林资源审计基础理论体系，同时对森林资源审计的专业胜任、风险防范、审计依据汇编等审计工作实践的关键性问题加以研究探索，以期能够促进提升森林资源审计工作效率和审计结果质量，进而充分发挥森林资源审计监督职能和作用。

人不负青山，青山定不负人。

目录

Contents

第1章

绪　　论

1.1　研究背景与意义

1.1.1　研究背景

1983 年 12 月 31 日至 1984 年 1 月 7 日，第二次全国环境保护会议在北京召开，时任国务院副总理李鹏在会议上宣布：保护环境是我国必须长期坚持的一项基本国策。[①] 20 世纪 90 年代，我国提出环境与经济协调发展，强调了环境问题与经济建设同步走的基本策略（张小筠等，2019）。党的十八大把"美丽中国"作为生态文明建设的宏伟目标，把生态文明建设摆上了中国特色社会主义"五位一体"总体布局的战略位置，[②] 进一步将环境保护提升扩展到生态文明的高度，丰富了环境保护的内涵。党的十九大将"坚持人与自然和谐共生"纳入新时代坚持和发展中国特色社会主义的基本方略；[③] 党的十九届四中全会再次强调"建设生态文明是中华民族永续发展的千年大计"，进一步完善了生态文明制度体系的顶层设计，[④] 奠定了我国新时代生态文明建设的新格局。纵观历史，无不说明我们党非常关注和重视人

① 《第二次全国环境保护会议》，中华人民共和国生态环境部网站，2018 年 7 月 13 日。
② 《胡锦涛在中国共产党第十八次全国代表大会上的报告》，中国共产党新闻网站，2012 年 11 月 8 日。
③ 《习近平：决胜全面建成小康社会 夺取新时代中国特色社会主义伟大胜利——在中国共产党第十九次全国代表大会上的报告》，中华人民共和国中央人民政府网站，2017 年 10 月 27 日。
④ 《中国共产党第十九届中央委员会第四次全体会议公报》，共产党员网站，2019 年 10 月 28 日。

类社会发展规律和自然生态规律，我们党的执政理念在不同历史时期都有相应地飞跃和升华。

改革开放以来我国经济快速发展，创造了举世瞩目的成就。然而，在国民经济高速发展的同时，亦积累和暴露了诸多生态环境问题。进入 21 世纪以来，全球频繁出现极端气候、暴雨洪涝、虫害灾害等自然生态事件，令人痛心不已。我们已经意识到，生态环境健康也是一个国家综合实力的展现。生态环境保护和建设不好，决计是无法实现国泰民安和国富民强的。2005 年 8 月在浙江湖州安吉考察时，时任浙江省委书记习近平首次提出"绿水青山就是金山银山"的科学论断。① 从 2005 年至今，"绿水青山就是金山银山"的科学论断已经提出 16 年，我们党、国家和人民也共同努力实践了 16 年。天更蓝了，地更绿了，水更清了，空气也更加清新了，党引领全体人民勇挑生态文明建设重任，坚持人与自然和谐共生，走在建设新时代"美丽中国"的光明之路上。

森林资源和森林生态系统在生态文明建设中举足轻重。2000～2017 年的卫星数据显示，地球植被面积的扩大主要归功于中国和印度；中国的绿色面积增长中有 42% 是森林，32% 是农业用地。② 2019 年，美国宇航局有关研究指出，中国是全球引领土地绿化增长的主力，世界范围内至少有 25% 的绿化增长来自中国，而在这些增长中，植树造林计划的影响占到了绿化贡献的 42%。③ 根据第九次全国森林资源清查成果，我国的森林覆盖率已由 20 世纪 70 年代初的 12.7% 提高到现在的 22.96%，森林面积达到 2.2 亿公顷，森林蓄积 175.6 亿立方米，面积和蓄积连续 30 多年保持"双增长"，成为全球森林资源增长最多的国家。④ 显然，我国自 20 世纪 90 年代以来开展的天然林保护工程、退耕还林还草工程等一系列植树造林和环境保护项目成效显著。

如何进一步促进实现包括森林资源在内的自然资源可持续经营管理以保障生态文明建设，是我们党、国家和人民需要共同面对的新时代之问。党的十八届三中全会提出"对领导干部实行自然资源资产离任审计"，就是作为

---

① 《习近平：绿水青山就是金山银山》，中国共产党新闻网站，2015 年 11 月 10 日。
② Chen Chi, Park Taejin, Wang Xuhui, et al. ，"China and India lead in greening of the world through land-use management"，*Nature sustainability*，NO. 2，August 2019，pp. 122－129.
③ 耿国彪：《让生态教育在课堂生根发芽》，载《绿色中国》2019 年第 14 期。
④ 胡三：《加强森林资源管理 不断提升森林质量》，载《绿色中国》2019 年第 24 期。

"加强生态文明建设"的一项重要改革举措。① 伴随着自然资源资产离任审计制度的建立，森林资源审计也迎来了自身发展良机。然而，我国自然资源审计毕竟起步较晚，审计监督职能作用的发挥有限，基础理论存在诸多问题与不明确。目前各类自然资源审计普遍存在理论研究滞后于实践发展的现象。森林资源是自然资源最重要的组成部分之一，在对领导干部实行自然资源资产离任审计时，森林资源审计将是其不可或缺的一环。因此，积极探索和开展森林资源审计的基础理论研究，促进建立健全森林资源审计理论体系，扭转基础理论研究全面滞后的困局，对于推进生态文明建设是十分有意义的。

1.1.2　研究意义

1. 建立森林资源审计体系

作为资源审计范畴内的一个分支，森林资源审计探索和研究对促进资源审计发展完善影响深远。但是多年涉林审计实践并未得到及时总结和提炼，甚至可以说"森林资源审计"的概念意识并未形成和被接受认可。森林资源审计亟须尽快建立起原理体系，也就是理论框架。只有把涉林审计实践中的经验、感悟和做法凝练出来，把理论框架构建起来，森林资源审计的发展才会具备坚固基础。本书的研究重点在于针对森林资源审计的若干基础理论展开深入探讨，建立森林资源审计理论体系，为指导森林资源审计实务工作提供支撑，具有一定的理论价值和意义。

2. 强化森林资源经营管理

森林生态系统是陆地上最大的生态系统，森林资源是一个国家极其重要的财富和竞争力体现。森林资源是林业可持续发展的基础，森林资源的经营管理是林业工作的重中之重。森林资源管理体制、机制的改革和创新，是实现森林可持续经营、林业可持续发展的重要保障。森林资源审计作为高层次的森林资源监督管理，应当纳入森林资源管理新体制，发挥重要的审计监督作用。森林资源审计的理论研究有助于指导森林经营管理与森林生态建设过程中的人、事、财、权、责的鉴证评价和经济监督，促进森林资源经营管理

---

① 《中国共产党第十八届中央委员会第三次全体会议公报》，共产党员网站，2013 年 11 月 12 日。

的规范化、健康化和效益化，进而推动我国林业可持续发展。

3. 保障林权制度深化改革

集体林权制度改革分为主体改革和配套改革（也称深化改革）。主体改革的内容是分山到户，确定林农对于林地的使用权、经营权和林木的所有权。配套改革的内容则要复杂得多，包括林权抵押贷款、林业保险、林业合作组织建立和发展等。深化集体林权制度改革，涉及具体政策的制定与落实、财政资金拨付与使用、相关利益方权责与义务等诸多问题，改革的难度和复杂度相当之大。改革往往容易触动和改变传统受益者的既有优势和利益，改革的过程也比较容易滋生腐败、出现违法乱纪的行为。因此，集体林权制度改革的深化，离不开森林资源审计的监督与评价。充分发挥森林资源审计的职能和作用，能有效推动林权制度改革各项政策的落实、资金的合理合法使用，提高改革效率。

4. 促进生态文明战略建设

2016 年国务院确定了第一批国家生态文明试验区，鼓励在生态文明建设评价考核等多个方面开展先行先试。在试验区的建设发展过程中，必然需要充分的财金要素保障，发挥财政杠杆作用，持续加大资金投入。进行生态文明试验区建设的省（区、市），在将来定会有所增加，否则"生态中国"的目标建设难以达成。另外，生态公益林管护体制改革、国有林场改革以及集体商品林规模经营试点等生态文明建设配套改革，在全国遍地开花。在生态文明建设及改革浪潮中，持续跟踪和评价政策落实执行情况、强化森林资源监督管理显然是必要的。森林资源审计将以其独有的审计监督、鉴证和评价功能，在保障和推进生态文明建设方面发挥举足轻重的作用。

1.2　研究内容与框架

本书的主要研究内容包括：研究森林资源审计在我国的发展背景与现状，旨在梳理脉络以及总结问题；论证和建立森林资源审计的理论框架，旨在建立健全我国森林资源审计基础理论体系，尝试抛砖引玉；探索森林资源审计的专业胜任、风险防范以及审计依据汇编等对审计实践具有利用价值的实务难点；利用福建省审计实践进行案例分析。

具体研究框架如下。

第 1 章为绪论。阐述森林资源审计研究背景及意义，重点引申出森林资源审计基础理论尚未建立的现实问题。

第 2 章为森林资源审计的实践与理论研究。一是总结和归纳森林资源审计发展的政策背景和实践进程，点明本书所指"森林资源审计"的形成过程；二是梳理和分析森林资源审计（含早期涉林审计）的相关研究现状，评述现有研究的不足和问题；统领全书的研究方向和意义。

第 3 章为森林资源审计的要素框架。分析、论证森林资源审计的审计要素及其内涵，建立起包括审计主体、审计客体、审计内容、审计分类、审计方式、审计方法、审计原则、审计依据、审计目标和审计特点等在内的森林资源审计要素框架。

第 4 章为森林资源审计的实务技巧。一是阐述森林资源审计的工作流程及其各个阶段的主要工作内容；二是详细地从审计性质、审计目标、审计对象、审计内容和审计指引五个方面分别对森林经理期审计、森林资源离任审计、森林经营管理审计研究提出操作指引。

第 5 章为林业财政支出绩效审计。林业财政支出的绩效审计评价是任何森林资源审计活动的必要组成；以生态文明建设为视角，重点分析研究林业财政支出绩效审计职能定位、作业机制以及建议策略。

第 6 章为森林资源审计的专业胜任。"人"的因素是制约森林资源审计发展的关键性因素；基于胜任特征模型，构建胜任力指数用于指导森林资源审计实务中项目组建和人员配置。

第 7 章为森林资源审计的风险防范。在解析森林资源审计风险内涵的基础上，构建森林资源审计的风险框架，进而总结森林资源审计质量控制的风险点，并提出具有针对性和可操作性的森林资源审计风险的防控措施。

第 8 章为森林资源审计依据汇编。为了服务森林资源审计实务实践，同时进一步完善森林资源审计理论体系，对源于国家层面和地方层面的森林资源审计依据进行细化分类，并予以分类析编，形成审计依据体系。

第 9 章为福建省森林资源、生态建设及审计现况。以森林资源和生态文明建设来审视，福建省是非常重要的省份之一；对福建省的森林资源经营、主体功能区规划、生态文明建设、自然资源资产离任审计等方面情况进行总结，为后文福建省审计实践的案例分析作铺垫。

第 10 章为福建省森林资源离任审计。以福建省 ZP 县开展的森林资源离任审计为调研案例，分析阐述森林资源离任审计的工作经验和存在问题，并提出相关建议对策。

第 11 章为总结与展望。归纳和阐述全篇重要观点与结论，并提出研究不足及展望。

1.3 研究方法与路线

1.3.1 研究方法

1. 文献研究法

搜集和整理有关政策及文件，厘清我国森林资源审计实践发展脉络，同时，通过对文献的梳理和归纳，分类研究相关文献的主题内容和具体观点，提取森林资源审计相关研究结论，对已有研究进行述评，为本书明确研究方向。

2. 分析论证法

基于一般审计学原理和林业学科理论，科学分析和合理论证森林资源审计的各项审计要素，以及森林资源审计的专业胜任、风险防范；并以生态文明建设为视角，分析论证林业财政支出绩效审计的若干原理要点。

3. 归纳总结法

基于现有森林资源审计实务实践的经验和做法，结合新情况、新问题和新要求，对森林资源审计的实务技巧和要点进行归纳总结；基于森林资源审计依据来源以及性质内容的差异，搜集、归类和汇编森林资源审计依据。

4. 调研考察法

进驻森林资源审计项目组工作现场，在合理范围内对审计人员的实地工作进行跟踪、观察和访谈，获取一手森林资源审计实践资料和素材。

5. 案例分析法

以福建省 ZP 县森林资源离任审计项目作为对象，应用案例分析的手法探讨其采取的审计做法和优秀经验，审视其存在的问题与不足，并分析提出具体对策。

1.3.2 研究技术路线

本书的研究从审计要素理论到实务技巧要点，再到实务难点，最后终于案例研究，基本遵循了"理论—实务—案例"的主线。具体的技术路线如图 1-1 所示。

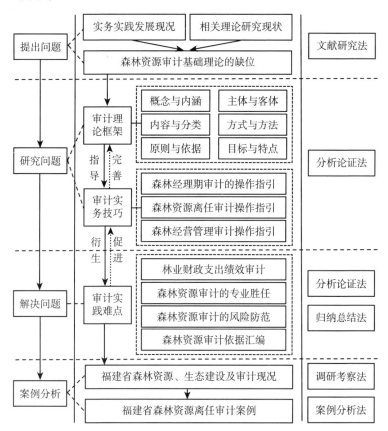

图 1-1 研究技术路线与思路

1.4　本章小结

　　"绿水青山就是金山银山"，是划时代的科学论断。生态文明建设是我们党、国家和人民坚持人与自然和谐共生之路的重大举措。森林资源和森林生态系统在生态文明建设中举足轻重。伴随着自然资源资产离任审计制度的建立，森林资源审计也迎来了自身的发展良机。积极探索和开展森林资源审计的基础理论研究，促进建立健全森林资源审计理论体系，扭转基础理论研究全面滞后的困局，对于推进生态文明建设是十分有意义的。

第 2 章

森林资源审计的实践与理论研究

    早在 20 世纪七八十年代，美国、加拿大等欧美发达国家就以政府审计为主要形式开展各类自然资源审计。彼时此类审计的主要目标仅仅是帮助相关企业节约自然资源及能源，以及提升相关企业的环境绩效管理水平。至20 世纪 90 年代，资源环境审计在世界各国得到了普遍推广。森林资源的相关审计活动，也伴随着资源环境审计的发展而逐步产生和实施。但是，在发展过程中，森林资源的相关审计活动一直是作为自然资源审计、环境审计等的组成和附属而存在的。近些年来，受国家有关政策的影响，森林资源审计可作为一类独立审计类型的观念才逐步成为人们的共识。

2.1 森林资源审计的政策背景

    我国自然资源审计的实践相对较晚，基本是在 20 世纪 80 年中期前后才开始介入，历程大致可以分为初始阶段、探索前进阶段、总结推进阶段、常态化阶段四个阶段（张薇，2018）。目前我国自然资源审计处于常态化阶段，正在尝试总结近 30 年来的审计实践经验，致力于形成自然资源审计的理论体系。

    党的十八届三中全会通过的《中共中央关于全面深化改革若干重大问题的决定》提出对领导干部实行自然资源资产离任审计（张宏亮等，2014）。在生态环境破坏日趋严重的情况下，发挥自然资源审计的"免疫系统"功能，来促进"绿色经济"发展和维护国家自然资源安全，这种审计的推出显然具有现实意义。在此背景下，理论界和实务界掀起了对自然资源资产离任审计的研究热潮；同时得到了全国各省（区、市）的支持，在中央和审计署的部署及领导下，各地如火如荼地探索和尝试开展自然资源资产离任审计，陆续有贵州、四川、云南、广东、浙江、内蒙古及福建等多个省（区、市）开展对领导干部的自然资源资产离任审计的试点和推广。无论是理论研究还是实践探索，自然资源资产离任审计在短短的时间内就得到了巨大发展。

自然资源审计近年来的发展趋势是朝着审计领域内容多元化发展，自然资源审计涉及领域正在逐步扩大。审计署早在 2008 年就发布了《审计署2008 至 2012 年审计工作发展规划》，要求深入开展自然资源绩效审计，"对土地、矿产、森林、海洋等重要资源保护与开发利用情况的审计"，"促进资源保护和合理开发利用"（戚振东等，2015）。同时，为了进一步推动各地资源环境审计的开展，又于 2009 年 9 月发布了《关于加强资源环境审计工作的意见》，提出将逐步扩大资源环境审计领域（张长江等，2011），逐步将审计范围从土地资源和水环境审计扩展到矿产资源、海洋资源、森林资源、大气污染防治、生态环境建设、土壤污染防治、固体废物和生物多样性等领域。实际上，历年来我国自然资源审计工作也已陆续涉及森林资源、土地资源、矿产资源、水资源、农业资源等一系列领域。

2017 年 6 月，《领导干部自然资源资产离任审计规定（试行）》审议通过，由中共中央办公厅、国务院办公厅印发，标志着一项全新的经常性的审计制度正式建立（刘晓燕等，2019）。从 2018 年起，领导干部自然资源资产离任审计由试点阶段进入全面推开和常态化实施阶段（李四能，2020）。可喜的是，随着对领导干部实施自然资源离任审计的政策出台，以及现阶段社会公众对公共受托经济责任监督和生态环境保护两方面意识的提高，森林资源审计与其他自然资源审计一样，面临着新的历史机遇，迎来了最佳的发展环境和时代。

2.2 森林资源审计的实践发展

2.2.1 迈入依法审计时代

在 20 世纪 80 年代，我国就已经有针对森林资源的审计监督活动，为全国林业经济的发展和提高经营管理水平发挥着积极的推动作用。1983 年 9 月 15 日，根据 1982 年 12 月 4 日第五届全国人民代表大会第四次会议通过的《中华人民共和国宪法》第 91 条的规定成立了审计署（蒋南平，2020；吴婷婷，2020），尔后在全国范围内逐步建立起审计监督制度。

1988 年 11 月 1 日，经国务院批准，审计署在原林业部设立派驻机构——审计署驻林业部审计局（国家林业和草原局，2009）。1994 年 8 月 31 日，第八届全国人民代表大会常务委员会第九次会议通过《中华人民共和国审计法》（以下简称《审计法》），并于 1995 年 1 月 1 日生效（吕培伶，2004）。原驻林业部审计局要求各级林业部门和林业企事业单位都要认真贯彻《审计法》，把林业审计工作推向一个新阶段（帅宗和，1995）。至此，标志着我国的涉林审计工作实践进入了有法可依的法治阶段。

2.2.2　重视林业内部审计

20 世纪 90 年代中后期，林业行业的内部审计工作相当活跃。各地林业部门多数已经设立林业内部审计部门，加强林业内部审计工作，实现内审机构向经常化、制度化、规范化、法制化方向发展。例如，1994 年 3 月，审计署驻林业部审计局就布置了全国林业系统对 1986 ~ 1993 年林业项目贷款管理使用情况进行审计调查（审计署驻林业部审计局，1995）。1995 年 3 月 15 日召开的全国林业审计工作会议上，明确要求各地林业部门和林业企事业单位要建立健全林业内部审计体系，促进林业内部审计工作全面开展（沈茂成，1995）。紧接着，围绕全国林业审计工作会议精神，各省（区、市）陆续召开了林业审计工作会议，认真贯彻和部署林业内部审计工作。1995 年 8 月 25 日，全国林业实施总审计师制度工作会议召开，推行总审计师制度以进一步加强林业内审工作（张翊飞，1995）。1996 年 4 月 2 日，国家林业部颁发实施《林业系统内部审计工作规定》，对进一步将林业内部审计工作纳入法制化、制度化、规范化轨道，推动林业审计工作"百尺竿头更进一步"具有重要意义（帅宗和，1996）。据不完全统计，截至 1995 年末，全国已建立林业内部审计机构 1155 个，配备审计人员 4000 多人；林业部门建立审计事务所 8 个，从业人员达到 50 多人。① 可见当时林业内部审

---

① 帅宗和：《关于贯彻〈林业系统内部审计工作规定〉的意见》，载《绿色财会》1996 年第 7 期。

计工作兴盛一时。林业内部审计工作被摆到了非常高的战略地位，极大地促进了当时的林业事业发展和林业经济建设；虽然整个时期的涉林审计以林业资金审计为主，但是也为后续的涉林审计工作积累了丰富的实践经验。

2.2.3 实施生态工程审计

2000 年国务院批准《长江上游、黄河上中游地区天然林资源保护工程实施方案》《东北、内蒙古等重点国有林区天然林资源保护工程实施方案》，标志着天然林资源保护工程由 1998 年的开始试点转入全面实施阶段（杨超等，2020）。这一阶段也称为"天然林资源保护工程一期"。2010 年，国务院决定实施天然林资源保护二期工程（周瑜，2016），时限为 2011～2020年。天然林资源保护工程实施 20 余年来，中央财政对天保工程的总投入已经超过 4000 亿元。[①] 几乎同时，1999 年四川、陕西、甘肃三省率先开展了退耕还林试点，由此揭开了我国退耕还林的序幕（张洪明等，2019）。2002年 1 月 10 日，国务院西部开发办公室召开退耕还林工作电视电话会议，确定全面启动退耕还林工程（张丞，2019）。自 1999 年启动实施两轮退耕还林工程，20 余年来退耕还林工程总投入超过 5000 亿元。[②] 退耕还林还草工程已成为中国乃至世界上资金投入最多、建设规模最大、政策性最强、民众参与程度最高的重大生态工程（李治帮等，2020）。作为全国最大的生态保护工程，天然林保护工程和退耕还林工程在保护森林资源、促进森林增长以及提高森林质量等方面取得了重大成果。历年来，审计署和各级地方审计机关持续开展天然林保护工程专项审计和退耕还林工程专项审计，成为我国涉林审计实践中最为重要的工作内容，极大地促进了我国涉林审计工作各方面的发展和完善。进入 21 世纪后，我国涉林审计工作也实现由内部审计为主向政府审计为主的转变。

2.2.4 开启森林资源审计

领导干部自然资源资产离任审计是党的十八届三中全会提出的一项制度

---

① 耿国彪：《天保工程：4000 亿元投入换来 2.75 亿亩公益林》，载《绿色中国》2019 年第 8 期。
② 王琪：《20 年，全国退耕还林还草 5 亿亩》，载《国土绿化》2019 年第 7 期。

创新。2015 年 7 月，中央全面深化改革领导小组第十四次会议审议通过《关于开展领导干部自然资源资产离任审计的试点方案》，标志着此项工作正式开展（孙欣，2018）。截至 2017 年 10 月，全国审计机关共实施审计试点项目 827 个，涉及被审计领导干部 1210 人，[①] 逐步成为一项新型的国家审计制度。2017 年 6 月，中央全面深化改革工作领导小组会议审议通过《领导干部自然资源资产离任审计规定（试行）》，标志着领导干部自然资源资产离任审计由试点进入全面推开阶段，向制度化、规范化、科学化迈出了坚实的一步。

在这个过程中，森林资源审计得以实践和逐步完善。自 2015 年 10 月对领导干部施行自然资源资产离任审计试点，到 2018 年起转为常态化和制度化的审计制度，既进入了自然资源资产离任审计时代，同时也开启了森林资源审计作为一项独立审计类型的时代。涉林审计工作至此归入森林资源审计的概念之下。除了传统的林业资金审计、林业项目审计等外，其他子类型的森林资源审计活动也势必在未来陆续得以确立和施行，共同搭建和形成森林资源审计的工作体系。例如，已有福建、四川、河北、江苏、宁夏、内蒙古、吉林、贵州等数个省（区、市）专门制定出台国有林场场长离任审计办法或规定，审计对象包括因职务晋升、调整、免职或者辞职、辞退、退休的国有林场场长（包括主持工作的国有林场领导班子副职）。森林资源离任审计也因此成为森林资源审计下最早付诸实践的子类型审计活动。

2.3　森林资源审计的研究现状

2.3.1　起步研究阶段

森林资源审计的理论初探期，始于 20 世纪 80 年代末，止于 20 世纪 90 年代后期。根据现有收录文献，陆应祥（1988）和孙青云（1988）最早对森林资源审计任务、对象、内容及其所具有的职能作用等进行了尝试性探讨，迈出了森林资源审计理论研究的第一步。

早期学者认为，森林资源审计在森林资源管理中具体起到经济监督和

[①]　佚名：《自然资源纳入离任审计，遭遇问责难?》，载《廉政瞭望》2018 年第 7 期。

管理控制的职能（周国相，1994）。对于国有森林资源而言，实施森林资源审计更是管理好国有森林资源的有效途径和手段（陆应祥，1988）。郭春兰等（1995）则具体指出森林资源资产审计与森林资源行政监督管理既有联系又有区别，它是森林资源行政监督管理的延伸和发展，是用货币价值形式对森林资源资产占用、消耗和收益进行的一种独立综合的经济监督、经济鉴证、经济评价和经济诊断活动。而关于森林资源审计内容，则包括被审计单位在一定时期内的经营水平，资源消长情况及森林资源有关的各类土地变化情况等（周国相，1994）。谭德凤等（1999）认为森林资源审计内容应当包括对森林资源数据（各类统计报表）、采伐限额、造林更新等的审计。

与此同时，有部分学者结合 20 世纪 90 年代的林业工作实际，对森林资源审计的其他主题领域展开了论述。例如，张希明等（1995）、帅宗和（1995）、班勇（1995）等就建立健全林业审计制度建言献策；帅宗和（1996）、魏坤（1997）、尚均祥（1999）等就加强林业内部审计监督工作提出建议；还有个别学者对林业审计实践经验（张希明等，1995）、林业规费审计（毛志清，1998）、林业企业审计（王占图，1999）等展开研究。上述这些学者的研究内容和成果，促进了当时森林资源审计理论与实务的反馈和互哺。

这个时期的森林资源审计研究处于探索阶段，是理论呼吁的时代。相关研究成果符合和体现了彼时当代特征和林业情况。虽然以现代视角来审视，上述学者的研究观点和成果具有一定的时代局限性，但却是极具前瞻性的。可以说，实行森林资源审计，是在扭转森林资源危机、强化资源管理实践中探索出的新事物和重要措施之一（姜孟霞，1995）。

2.3.2 承上启下阶段

进入 21 世纪，在 2000～2014 年的长达 15 年时间里，森林资源审计的相关研究进入了较为发散的阶段。从森林资源审计研究的历史脉络来审视，却是森林资源审计研究历史进程中相当重要的承上启下阶段。在这一时期，学者们对森林资源审计的研究主要涉及三个方面。

第一，承上深入对林业内部审计的相关研究。例如，张跃民等（2000）提出林业内部审计应当做好财务衔接期的审计、天然林保护经费的审计、经营收支的审计、事业收支审计以及营林专项资金的审计；吴珠珍（2002）指出做好林业内部审计要注意围绕林业经济建设中心，坚持"全面审计、突出重点"的方针，改进方法提升林业内审成果质量，加强队伍建设、提高整体素质等，并重点加强财务收支审计，探索经济效益审计，开展专项资金审计（吴珠珍，2003）；刘志远等（2003）提出通过培育和创造良好的企业内部审计环境、加强企业内部审计机构的建设、提高审计人员的素质、制定企业内部审计准则、改进企业内部审计方式等对林业企业内部审计予以创新。其他学者对林业内部审计的风险成因及防范（吴珠珍，2003）、林业内部审计工作质量和水平的提高（陈英，2003）、林业内部审计服务经济发展（谭晶，2003）以及林业内部审计工作存在问题及其对策（邵晶，2013；寇晓峰，2012；屈巍巍，2011；曹国强，2009；张秀玲等，2007）等进行了研究，进一步促进和提升了林业内部审计理论和实践水平。

第二，拓展涉林审计领域，延伸和拓宽了研究主题与内容。例如，林业基建审计（吴武等，2000；毛志清，2000）、林业站审计（陈裕德等，2000）、林业采伐限额审计（张忠义等，2006）、外资林业项目审计（李蔚河，2014；黄振宁，2009）等。而更多学者则是侧重针对林业资金审计展开研究，旨在加强林业项目资金审计推动林业工程健康发展（张耕等，2001）。张文波等（2004）提出对林业系统的审计工作要着重于对林业六大工程建设资金的使用、管理和效益情况的审计监督，要注意探索将审计重点从审计资金管理使用的真实性、合法性向资金使用真实性、合法性和绩效性相结合转变；高立（2010）指出林业项目资金审计需要注意加强领导、突出重点、严格执法、规范程序、强化素质；郭振平（2011）认为审计林业项目资金分为自上而下和自下而上两种方式，均要综合运用听取汇报、座谈、查验账目、询问、调查、综合分析六大方法；谢胜利等（2011）建议要根据林业专项资金建设项目实施管理的不同特点，采取"通听通看，确定重点，审计账户，追查收入"的方法。这些研究是首次集中性的以涉林资金审计作为研究主题，丰富和强化了涉林资金审计理论与实践，具有一定阶段性成果价值。

第三，启下提出并重视离任审计、绩效审计的思想。初步开启了涉林离任审计、涉林绩效审计的相关理论研究，提出对林业系统的审计工作要向突出绩效性的方面转变（张文波等，2004）。例如，赵征平等（2001）认为林业系统离任内部审计是林业主管部门的内部审计机构对其所属企事业单位法定代表人整个任职期间所承担经济责任履行情况进行的审查、鉴证和总体评价活动，包括对财务与会计、经营与管理、财经法纪的遵循、社会经济责任等内容的审计；孙平（2010）论述了林业工程绩效审计的内涵、意义、途径及关注要点，强调注重对工程生态效益的评价，建议通过工程绩效审计评价指标体系来完成绩效审计，并执行审计结果公告制度。虽然本阶段关于离任审计、绩效审计的研究不多，但是标志着森林资源审计已经开始走上由传统审计类型向新兴审计类型转变的道路。

2.3.3 全面振兴阶段

2015 年至今，是森林资源审计理论研究的全面振兴阶段，研究活动和成果迎来历史最高峰。察其缘由，党的第十八届三中全会审议通过的《中共中央关于全面深化改革若干重大问题的决定》提出，要"探索编制自然资源资产负债表，对领导干部实行自然资源资产离任审计"，拉开了自然资源资产离任审计的序幕。作为自然资源审计重要组成部分的森林资源审计，也就迎来了难得的发展机遇。随着领导干部自然资源资产离任审计试点工作的实施和常态化制度的建立，以及实践中森林资源审计实务遇到的挑战，森林资源审计理论研究有了极为有利的外部条件和丰富的素材基础。现阶段，相关学者主要集中对审计评价展开深入研究，涉及森林资源审计评价和森林资源离任审计评价两个方面。

森林资源审计评价方面，着重从不同的理论思想出发构建森林资源审计评价的指标体系，如王嗣亮（2016）、余秋宏（2018）借鉴和依托平衡计分卡设计理念，从资源、管理、财务、社会四大维度搭建森林资源审计评价指标体系框架。此外，郑德祥等（2016）在建立了由政策（制度）、财务和资源三个方面 26 个指标构成的森林资源审计评价指标体系的基础上，基于 Vague 集的理论建立评价模型，运用层次分析法确定指标权重进行森林资源审计评价；贾玮（2019）基于压力—状态—响应（PSR）模型构建森林资源资产审计评价指标体系，以粒子群优化算法辅助层次分析法确定指标权重，以 Min-Max 标准化方法评价定量指标，以模糊综合评价法评价定性指标。他们进一步对审计评价技术方法进行了探索。

森林资源离任审计评价方面，则是众多学者的研究焦点和热点。关于评价指标体系的构建，贺玮琦（2017）、贺玮琦等（2017）将领导干部对森林资源资产的履职责任分为森林资源资产相关法律及政策保障体系建设情况、培育情况、利用情况、管理质量、保护情况和森林资源资产的综合效益六个方面，围绕着每个层面逐层分解和确立了领导干部森林资源资产离任审计评价的下层指标；肖讷敏（2018）基于问卷调查构建了涵盖森林资源政策规章的制定与落实、森林资源资产相关资金使用管理与绩效情况、森林资源资产管理和监督责任情况三个方面共 16 个具体指标的森林资源资产离任审计评价指标体系；杜泽艳等（2018）受绿色发展理念启发，基于循环发展视角、低碳发展视角以及安全发展视角分别建立了三类森林资源资产离任审计评价指标体系；嵇小凡（2019）构建了森林资源资产投资与产值、管理、培育、保护、综合效益五大方面的 21 个定量元素指标，以及森林资源资产法律及政策保障体系建设下的林业项目管理实施效果、森林管理法律制度实施效果、人力资源培养政策机制和个人廉洁自律情况 4 个定性元素指标。关于审计评价技术方法，何轶晔（2018）借鉴层次分析法设置指标权重、参考沃尔评分法进行指标评价，构建领导干部森林资源资产离任审计的指标评价体系，将其与审计实践过程中出具的审计意见进行比较评价和分析；刘训河等（2019）利用层次分析法确定了所选取指标的权重值，并构建线性加权综合模型对领导干部任期内履行森林资源资产管护职责情况进行了审计综合评价；吴雅文等（2019）引入压力（P）—状态（S）—响应（R）模型，运用层次分析法（analytic hierarchy process，AHP）构建评价指标体系，对森林资源离任审计进行评价。

除此之外，还有少数个别研究关注了森林资源审计的其他主题，如森林资源审计智能化（桂汪兰，2017）、森林资源内部审计（蔡国荣，2017；李冬云，2017；潘群英，2019）、离任审计内容（王帆，2018；秦龙俊，2020）等。尤其是，马仁锋等（2018）基于林地景观格局视域，运用完整的遥感图像处理平台（The Environment for Visualizing Images，ENVI）和 Arc GIS 平台将遥感影像数据转换为网格分辨率为 30 m Arc Grid 数据格式，并运用分析软件 Fragstats 3.3 进行林地破碎度指标计算，构建基于林地破碎度综合指数和集中度指数的区域森林资源资产审计的重点地块筛选模型，将森林资源审计和现代地理信息技术有机结合，助力提升审计中地域主体识别效率与审计结果的可视化解读。该研究对于森林资源审计实务实践具有一定的参考价值。朱依（2019）根据森林资源产权特征，紧密联系审计要素，对森林资源审计产生的动因需求、森林资源审计要素进行详细分析并构建了森林资源审计要素框架，一定程度上完善了森林资源审计理论体系。

2.3.4 相关研究述评

综上所述，森林资源审计的相关研究经历了起步研究阶段、承上启下阶段、全面振兴阶段。第一阶段主要是对涉林审计基础理论的初期探索，为后续研究奠定了基础。第二阶段则是涉林审计理论与实践的初步结合，并逐步拓展和丰富了研究主题。严格意义上来说，这两个阶段的相关研究暂可称为涉林审计研究，尚不完全等同于本书所指的森林资源审计研究。2015 年之前，学者们对森林资源的相关审计活动的提法多种多样，有林业审计、森林审计、森林资源资产审计等；2015 年之后，才相对有了较为一致的提法。第三阶段是森林资源审计相关研究的全面振兴时期，一直持续至今，研究成果颇丰。学者们主要是从已有的审计实践出发，结合森林资源管理目的、绩效审计要求，针对森林资源审计的宏观目标、微观目标、对象和内容等，进行审计评价指标体系及其评价技术方法的开拓研究。

但是，现阶段森林资源审计相关研究存在三个方面的严峻问题。第一，研究主题的单一化，主题类型不够丰富。体现在大多数学者集中于审计评价研究，特别是森林资源离任审计评价的指标体系研究，几乎成为森林资源审计研究领域的唯一核心和热点。第二，研究成果的同质化，观点结论缺乏创新。研究主题的集中也导致了研究成果的同质化程度较高的问题。体现在审计评价指标体系的大同小异上，缺乏新视角、新思考和新创造。第三，研究概念的混淆化，理论体系尚未健全。大多数学者聚焦森林资源离任审计，但是其上位概念（即森林资源审计）的基础理论研究极度匮乏，致使森林资源审计的理论框架体系至今尚未健全和完善。

总之，森林资源审计作为一种新兴的专业审计，需从政策制度执行、资金与资源配置以及资源保护利用的经济性、效率性、效果性和可持续性等方面开展审计监督评价。目前的森林资源审计基础理论研究却甚为薄弱，无法为审计实务实践提供有力指导和遵循。因此，森林资源审计基础理论研究亟须相关理论学者和实务界人士的重视，才能促进森林资源审计的发展成熟，以及进一步引领和指导森林资源离任审计工作的开展。

2.4 本章小结

　　虽然我国涉林审计工作践行已久，但是森林资源审计的概念及其审计活动却非一蹴而就的。领导干部自然资源资产离任审计的开展，间接促使森林资源审计得以实践和逐步完善。所有涉林审计工作和活动，均可纳入森林资源审计的概念范畴加以规范。本章认为传统的林业资金审计、林业项目审计及其他子类将会共同搭建和形成森林资源审计的工作体系，后面将有专门篇幅予以阐述。虽然我国的森林资源审计实务实践取得了一定的阶段性经验，但是森林资源审计理论研究却相对滞后，不仅研究主题单一、成果同质，更为严峻的是森林资源审计的基础理论框架并未得到建立健全和完善，致使无法有效反哺森林资源审计实务实践。显然，进一步重视和加强森林资源审计的基础理论研究势在必行，责任重大。

第 3 章

森林资源审计的要素框架

　　虽然涉林审计工作开展已有多年，但森林资源审计仍是一项新兴的审计工作。早期涉林审计源于国有森林资源经营的监督管理需要，随着时代及经济环境变迁，特别是林业体制环境的深刻变化，加上现代审计领域多元化浪潮的推动，森林资源审计被赋予了新的时代内涵。森林资源审计作为自然资源审计的重要组成部分之一，其理论要素框架的构建与完善，是自然资源审计体系健全的基础之一。

3.1　森林资源审计的概念与内涵

3.1.1　森林资源

　　俄国林学家莫罗佐夫（Morozov）1903 年提出森林是林木、伴生植物、动物及其与环境的综合体（莫峥，2013），森林群落学、植物学、植被学称之为森林植物群落，生态学称之为森林生态系统。联合国粮食及农业组织（Food and Agriculture Organization of the United Nations，FAO）将森林定义为："面积在 0.5 公顷以上、树木高于 5 米、林冠覆盖率超过 10%，或树木在原生境能够达到这一阈值的土地。不包括主要为农业和城市用途的土地。"① 在我国，

---

　　① 张小全、侯振宏：《森林、造林、再造林和毁林的定义与碳计量问题》，载《林业科学》2003 年第 2 期。

森林指的是由乔木、直径 1.5 厘米以上的竹子组成且郁闭度 0.20 以上，以及符合森林经营目的的灌木组成且覆盖度 30% 以上的植物群落；包括郁闭度 0.20 以上的乔木林、竹林和红树林，国家特别规定的灌木林、农田林网以及村旁、路旁、水旁、宅旁、林木等。[①] 森林是以木本植物为主体的生物群落，是集中的乔木与其他植物、动物、微生物和土壤之间相互依存、相互制约，并与环境相互影响，从而形成的一个生态系统的总体。

而森林资源是林地及其所生长的森林有机体的总称，包括森林、林木、林地以及依托森林、林木、林地生存的野生动物、植物和微生物（张绪成，2010）。狭义的森林资源主要指的是树木资源，尤其是乔木资源；广义的森林资源指林木、林地及其所在空间内的一切森林植物、动物、微生物以及这些生命体赖以生存并对其有重要影响的自然环境条件的总称（梁丽等，2015）。森林资源具有多种功能，可以提供多种物质和服务。森林资源的经济效益、生态效益、社会效益是统一的，对其进行任何单一目的的经营管理都将产生许多重要的额外不效益。

森林资源经营管理（forest resource management）也可以称为森林经营管理（forest management），其对象是森林资源，宗旨是实现森林可持续经营，是对森林资源进行区划、调查、分析、评价、决策、信息管理等一系列工作的总称。世界各国森林经营管理的内容不完全相同，但主要内容是相同的。在我国，森林经营管理的主要内容包括对森林资源进行的区划、调查、编制计划（或规划）、森林的经营决策和森林资源信息管理等。

森林资源审计与森林资源及其经营管理有着内在联系，森林资源及其经营管理活动是开展森林资源审计的必要条件，而森林资源审计是保障森林资源及其经营管理活动的关键举措。把握森林资源及其经营管理的相关概念，对于深入阐述和理解森林资源审计是十分必要的。

3.1.2　森林资源审计

"森林资源审计"一词最早出现于 1988 年（陆应祥，1988；孙青云；1988）。森林资源审计研究始于国有森林资源的监督管理需要，具有一定的计划经济色彩。故早期的森林资源审计本质观普遍是一种"管理手段观"，

---

① 王明旭：《森林康养 100 问》，载《林业与生态》2018 年第 4 期。

认为森林资源审计属于森林资源管理监督的范畴，它是进行森林资源监督的一种手段，对森林资源管理发挥着间接控制和合理分配的功能（周国相，1994）。随着林业行业产业化、资产化、商品化逐步发展，20世纪中期森林资源审计的本质观发生了变化，认为其是"用货币价值形式对森林资源资产占用、消耗和收益进行的一种独立综合的经济监督、经济鉴证、经济评价和经济诊断活动"①。这是一种朴素的"经济监督观"，具备了一定的市场商品经济色彩。谭德风等（1999）认为森林资源审计是引用财务上的管理办法来加强对森林资源的管理与森林资源的控制，不仅包括对资源消长的正确性、真实性和合法性的审计，同时也应该包括对合理性、经济性和有效性的审查。这进一步丰富和扩展了森林资源审计。

但纵观这些早期研究，前人均未明确对"森林资源审计"做出规范、科学、到位的完备定义。另外，已有研究同时忽略了一个重要问题的探讨——用"森林资源审计"一词来界定对森林资源及其经营管理活动的审计工作是否恰当合理？有没有其他更为准确的概念称呼？其实，已有文献研究中不只出现过"森林资源审计"一词，还有个别学者使用"森林资源资产审计""林业审计""森林审计"等来表述对森林资源及其经营管理活动的审计工作。

相比"森林资源审计"一词，"林业审计"和"森林审计"两个名词范畴及属性过于宽泛，缺乏指向具体性。根据文献资料来看，"森林审计"一词并未被普遍引用，仅是极个别学者的提法。显然，在现代"自然资源审计"的框架下，这种提法也是不符合资源审计特征的。而"林业审计"一词则频繁出现于20世纪90年代中期以后的各类政府工作会议上。本书认为"林业审计"的提法是一种行业审计，是一种上位概念，涵盖了整个林业行业及产业，不仅包括森林资源审计，甚至涉及林产化工、花卉产业等其他涉林事业的审计。而就目前自然资源审计的范畴来说，"林业审计"这个"帽子"显然过大了。故"森林资源审计"比二者更合适。

那么是用"森林资源资产审计"称呼更合理，还是"森林资源审计"一词更恰当？这两者名称相似却具有很大差异。关键在于分析两个问题：一是森林资源和森林资源资产是否等同；二是该类资源的审计工作对象及范围包括哪些。从森林资源资产化经营的角度来看，抑或仅从森林资源资产评估

---

① 郭春兰、王冬梅：《浅谈森林资源资产审计》，载《林业经济》1995年第2期。

工作立场来看，森林资源和森林资源资产显然是不等同的，前者范畴大于后者。森林资源是以多年生木本植物为主体并包括以森林环境为生存条件的林内动物、植物、微生物等在内的生物群落，按其物质形态分为森林生物资源、森林土地资源以及森林环境资源。而森林资源资产是指由特定主体拥有或控制并能带来经济利益的，用于生产、提供商品和生态服务功能的森林资源，包括森林、林木、林地、森林景观等。可见森林资源资产是以森林资源为物质内涵的资产，它仅是森林资源中具有资产性质的一部分经济资源（陈平留等，2009）。那么森林资源及其经营管理活动的审计工作涵盖的对象和范围，是一定区域内的森林资源，还是该区域内的仅具备资产属性的部分森林资源（森林资源资产）？除了极少数特殊审计项目以外，诸如领导干部自然资源离任审计、传统财务审计等主流审计项目，审计范围必定是将目标区域内的全部森林资源活动全部囊括的。因此，结合森林资源资产化经营管理和审计工作的具体实际，用"森林资源审计"一词来界定对森林资源及其经营管理活动的审计工作是较为准确的。

毋庸置疑，森林资源审计与一般审计一样，是一种独立的经济监督活动。同时，森林资源审计也是自然资源审计的组成部分。但鉴于行业特殊性，森林资源审计的定义应既有一般审计及自然资源审计的共性，又兼具自身个性。结合前述分析，本书给出如下定义：森林资源审计是指由独立的专职机构或人员接受委托或授权，对涉林经营单位特定时期的森林生长经营与消耗、林业政策制定与落实的合法性、合理性、合规性，以及涉林资金使用与分配、财务资料及其他有关资料的真实性、公允性和效益性进行审查、监督、评价和鉴证的活动，其目的在于确定或解除被审计森林经营管理单位的受托经济责任。

3.2　森林资源审计的主体与客体

3.2.1　森林资源审计的主体

我国当前开展的森林资源审计实践普遍以政府审计为主。政府审计机关从涉林资金入手，延伸进行资金使用绩效审计和资源管理、保护、利用审计。现阶段森林资源审计主体以政府审计机关为主是有其发展必然性和积极意义的。首先，森林资源和其他自然资源一样，在产权界定和监督治理上有着明显的政府干预轨迹。这既是顺应国情的，也是合乎现实的。在资源日益枯竭、生态环境越发恶化的今天，对自然资源的合理保护、开发和利用是一个国家未来发展的命脉。我国绝大多数森林资源属于国有或集体所有性质，因此在开展森林资源审计的实践和研究中，政府审计机关是不可能也无法缺席的。其次，森林资源及其生态系统蕴含多方位的生态系统服务功能价值，发挥着不可替代的森林生态效益，具有明显外部经济性和公共产品属性。在现阶段的社会经济发展水平和公民意识的局限下，"公地悲剧"现象不可避免的存在。森林资源的审计监督管理因此需要由政府审计机关先行履责和带领。再其次，历年来森林资源审计活动在森林经营管理及政府工作中均在开展进行，然而森林资源审计的理论研究及对其实践经验的总结提炼却明显滞后。导致森林资源审计的理论体系和技术方法等都尚未建立健全，没有成熟完善的审计标准模式。故在森林资源审计重新建设和发展的初期，由政府审计机关主导和探索也是必然。最后，森林资源经营管理也是一种公共受托经济责任。目前的森林资源审计实践大多是出于政府监督管理工作的需要，例如林业财政资金绩效审计、自然资源离任审计等。森林资源审计可以说是"国家治理"的一部分，也是服务"国家治理"的手段之一。因此现阶段，政府审计机关作为森林资源审计的重要主体是有其内在要求的。

实际上，林业管理部门、森林经营单位、林业企业等涉林部门也都在日常工作中开展了具有审计特征的、类似内部审计的监督活动。除此之外，会计师事务所在审计拥有生物性资产的企业的财务报表时，往往也涉及森林资源审计实务。就目前来说，森林资源审计的主体并不只是政府审计机关，内部审计机构和社会审计组织亦都有参与。但后两者在现阶段森林资源审计活动中仍以辅助性主体存在。

尽管如此，森林资源审计同其他审计类型一样，它的发展成熟必将是政府审计机关、内部审计机构以及社会审计组织共同组成的三维审计监督体系。随着森林资源审计的目标、内容等的不断延伸，以及森林资源审计体系的完善成熟，森林资源审计的市场将逐渐形成，有了市场需求，森林资源审计将成为会计师事务所开拓业务领域的方向之一。因此，现阶段以政府审计机关作为主导主体尝试森林资源审计实践和理论两方面的探索，是森林资源审计的发展必然；一旦森林资源审计的技术、模式、市场等各方面逐渐完善，内部审计机构以及社会审计组织的审计监督、审计鉴证、审计评价职能也必将有发挥的空间。成熟到位的森林资源审计监督体系，应是政府审计机关侧重合法性、合规性和合理性的监督审查，内部审计机构偏向经济性、效率性、效果性的咨询评价，而社会审计组织则倾向真实性、公允性、环境性以及公平性的鉴证证明。

3.2.2　森林资源审计的客体

森林资源审计的范围，不仅应该包括森林资源扩大再生产过程中的更新培育、森林保护、生产采伐、经营销售等各个环节，还应包括各个环节上政府机构的监督管理活动以及相关单位或个人的参与行为。简单来看，森林资源审计的客体（对象）主要可以分为三类。

一是涉林的政府组织机构，主要是负责本行政区域内林业监督管理、行政执法和公共服务的各级林业部门系统，如省级林业和草原局、市（县）林业和草原局及下属乡（镇）林业站、森林公安部门等。

二是直接开展营林生产的森林经营单位，主要是指各类持有森林资源的林业组织，如各级国有林场、林业企业、农村集体组织、林业合作社等。

三是与森林生产经营各个环节有牵涉的其他相关单位或个人，如采伐规划设计人员、造林施工队、生产采伐施工队、外聘农村护林员等。

值得一提的是，随着林业管理体制的转变，以及集体林权制度改革的进一步深化，未来森林资源审计的对象将涵盖得更宽，各自的审计侧重也必将更加明确。审计对象的内涵延伸，一直是处于发展之中的。

3.3　森林资源审计的内容与分类

3.3.1　森林资源审计的内容

一直以来，虽然全国上下均积极开展了关于森林资源审计方面的业务事项，可由于长期以来人们对森林资源审计的实践总结不及时、理论研究不到位，目前我国森林资源审计的社会接受认可度还是比较低的。现有森林资源审计的实践中多数是以财政财务审计为主，审计工作者的学科背景大部分都是财会相关专业，涉林专业知识基本没有。现有森林资源审计的对象以林业财政专项资金使用为主，即以森林资源财政资金、专项保护资金的管理和使用情况的合规性审计为主。为了摆脱森林资源审计的神秘性、增加森林资源审计的透明性，同时顺应现代对自然资源审计及离任审计的要求，以提升森林资源审计的公众关注程度和认可意识，需要明确森林资源审计的内容具体包括哪些。

依据前人研究观点，结合当下森林生产经营管理的实际，同时考虑资源审计的可操作性和目标诉求，森林资源审计的内容应从政策规章制定与落实、资金使用管理与绩效、生产经营活动与管理三条主线展开，并互相交叉结合。

1. 政策规章制定与落实

审查国家各级林业政策规章的遵守及执行情况、效果及问题；审查地方自定的林业制度、办法的合法性、合规性；审查年度森林采伐限额的执行情况。为了加强森林资源保护管理，严格控制森林资源消耗，国家对采伐实行了限额制度，每年下达采伐限额指标，审查当年林木采伐总量的情况，是否超过了限额指标；审查单位森林经营方案的落实执行及反馈修订情况。

2. 资金使用管理与绩效

审查林业财政资金、专项保护资金的使用和管理情况；审查育林基金、森林资源补偿费、植被恢复费等使用是否合法合规，是否按照规定项目使用；审查经营管理过程中的各类生产成本的合理性和效益性。

3. 生产经营活动与管理

审查森林资源档案数据的更新建档及准确性；审查评价森林覆盖率、森林保有量增长情况等反映森林资源丰富程度、绿化程度的指标建设；审查年度造林任务完成情况；审查木材生产采伐情况，主要是森林采伐方式、采伐强度、集材形式等是否符合相关规定；审查森林资源管护与监测情况，是否有效保护森林资源不被盗伐、滥伐，是否有效监测和控制森林资源病虫害的发生；审查林下经济产业的培育与推广，非木质林产品的开发与利用情况；审查木材产销监管链的控制有效性；审查占用征用林地情况，在基础设施、民生、重点建设项目需占用征用林地时，是否经过严格审批，是否在定额内对符合用地条件的项目予以审核；了解当地非法采伐森林、非法占用林地等林政案件的情况。

3.3.2　森林资源审计的分类

关于森林资源审计内容的梳理研究，对森林资源审计的分类分析具有启示作用。前人不约而同地对森林资源审计的内容展开了详细阐述，勾勒出森林资源审计内容的划分思维。最初研究森林资源审计的学者们普遍都是林业工作者，在森林资源审计内容的布置上，几乎是按照森林资源经营管理的环节切割形成的。例如，谭德风等（1999）就认为森林资源审计主要应包括森林资源数据审计、采伐限额审计、造林更新审计。孙青云（1988）提出森林资源审计应涵盖森林资源保护审计、营林抚育审计、经营管理审计、森林资源管理情况审计等。无形中也就相应形成了森林资源审计的分类。不过这种分类形式是基于森林资源的业务活动轴来设置的，与审计没有深层次融合，对森林资源审计实践的指导意义不强。从审计要素角度，森林资源审计的分类可以从审计主体、审计目的、审计内容三个方面来划分。

1. 按照审计主体来分类

按照审计主体来分类，森林资源审计可分为森林资源政府审计、森林资源内部审计、森林资源社会审计。森林资源政府审计是指政府审计机关依法对林业职能管理、行政执法和公共服务的各级林业部门系统，直接开展营林生产的森林经营单位，以及其他森林生产经营相关单位等的财政财务收支、业务管理活动及其经济效益进行审计监督。森林资源政府审计是一种行政强制性审计。森林资源内部审计是指林业本部门和本单位内部专职的审计机构和人员所实施的审计，其主要目的在于纠错防弊、改善管理、提高效益。森林资源内部审计与现行林业系统的驻地方资源监督制度有着本质上的区别，但却又有着交集和相似之处。同时做好这两方面的工作，共同提升涉林单位、部门及企业的内部自我监督机制，对促进林业可持续发展有不可估量的作用。森林资源社会审计则是指由会计师事务所等民间审计组织接受政府审计机关、国家行政机关、企事业单位和个人等的委托，依法对被审计单位的财政财务收支、业务管理活动及其经济效益进行审计鉴证、评价和咨询。森林资源社会审计是一种受托、有偿的第三方服务性审计。

2. 按照审计目的来分类

按照审计目的来分类，森林资源审计可分为森林经理期审计、森林资源离任审计、森林经营管理审计。为制订森林经营计划、规划设计、林业区划和检查评价森林经营效果动态而进行的森林资源调查，林业专业上称为二类调查。二类调查一般 10 年进行一次，两次调查的间隔期即为森林经理期。森林经理期审计是指以经营管理森林资源的企业、事业和行政区划单位为对象，对其一个经理周期内的森林经营管理活动的效果进行审计评价。森林经理期审计应作为固定的森林资源审计项目，以及时评价森林经营效果、查找问题。森林资源离任审计是领导干部经济责任审计、自然资源离任审计等的组成部分，是审计鉴证和评价领导干部一定期间森林经营管理的职责履行情况，以确定或解除其受托经济责任，如任期目标责任审计、领导干部离任审计等。森林资源离任审计的审计意见和结论可作为党政领导干部调动、升迁、考核、评先和离任等的参考依据。除了上述周期性的森林经理期审计及特定目的导向的森林资源离任审计，其他森林资源审计活动皆可归入森林经营管理审计。森林经营管理审计可以很灵活，在明确的审计目标控制下，就某一特定时期、某一指定对象或某一类的森林经营管理活动进行审计监督、鉴证和评价。

3. 按照审计内容来分类

按照审计内容来分类，森林资源审计可以分为林业财政财务审计、森林培育更新审计、森林生产采伐审计、森林保护审计、林政管理审计、非木质经营审计、生态及社会效益审计以及各类林业项目审计等。林业财政财务审计是指依法对被审计单位的财政财务收支及其经济效益进行审计鉴证、评价和咨询，特别是对林业财政专项和各级涉林补贴资金的使用管理及绩效的审计。森林培育更新审计主要是指对营林造林、森林更新活动的合法性、合规性和合理性进行的审计。森林生产采伐审计则重点关注采伐限额的执行情况、采伐方式及强度的合理性，以及总体生产采伐活动的环境性和公平性等。森林保护审计是对森林防火工作、森林病虫害监测体系及森林管护活动的存在性、健全性和有效性进行的审查监督。林政管理是针对林业经营过程中所涉及的管理问题，依照林业相关政策法规，对林业相关产业实施的业务管理。林政管理审计是对"六管理一执法"工作的审计监督。非木质经营审计是对被审计单位促进和提升林下产业经济、开拓多样化森林经营的审查评价。发展非木质林产品经营是实现森林可持续经营的重要途径之一，因此也应纳入森林资源审计的范畴。生态及社会效益审计是对特定区域内森林资源所发挥的生态系统服务功能价值以及社会效益的审计鉴证。可以预见，这一类审计将在自然资源资产负债表乃至国家资产负债表的编制实践及研究中发挥重大作用。

3.4　森林资源审计的方式与方法

3.4.1　森林资源审计的方式

不同的审计方式也可以作为不同的审计种类来对待，但审计方式侧重反映了审计主体进行审计的行为方式，如在何地审、于何时审、用何法审、审哪些内容、由谁来审等。鉴于资源审计的特殊性和林业经营管理体制的个性，无论哪一种分类的森林资源审计，都应抓住资金、政策、业务活动这三条主线来开展审计工作。这也就决定了不是所有的审计方式都能应用于森林资源审计当中。

森林资源审计应当采用就地审计，报送审计不太适用。森林资源审计同其他类型的资源审计一样，有资源实体，所有资金使用、政策执行及业务活动的综合效果最终都是体现在资源实体状况上。资源实体的物质存在性，使得其审计具有重复的可检视性。例如，资源档案数据的真实性和准确性需要到山头地块进行林业调查予以佐证；森林保护体系建设的存在性和有效性需要到被审计单位实地进行观察验证；资金使用及其绩效除了审阅财务资料更应深入林地现场查看证实使用效果；造林更新、生产采伐等业务活动的合法性、合规性和合理性除了审查书面资料也是应实地察看山场；生态及社会效益的审查更是需要走进周边相关利益方、林农农户、村集体等去调研访问。反之，也只有就地审计，才能全面审查资金使用、政策执行及业务活动的综合效果，否则必将都是只窥一隅，武断审计的后果就是片面结论。

森林资源审计适合多采用委托审计和联合审计。首先，森林资源是具有明显外部经济性的公共产品，且它自身生物学及生理学具有典型的区域分布特征，其经营管理活动也是具有区域异质性的。不同区域的审计标准应当允许有一定的差异和调整。只有当地的审计组织和人员才可能更了解和熟悉当地的森林资源经营管理实际。另外，资源审计的提出具有深厚的绩效审计和责任审计背景，森林资源审计亦不例外。将来森林资源审计的审计目标应该是更侧重经济性、效率性、效果性、环境性，更适合由独立第三方来鉴证评价。因此，在现阶段森林资源审计以政府审计为主的实际情况下，应逐步采取委托审计的方式，即政府审计机关将部分可行的森林资源审计事项委托给森林资源内部审计机构或森林资源社会审计组织来办理。由政府主导，将森林资源审计的三大主体共同纳入森林资源审计这个新兴领域的实践探索和理论研究中，逐渐建立完善的、三维的审计监督体系。目前从事资源环境审计实务的审计工作人员普遍都具有"财务会计"或"审计"的专业背景，但却甚少有资源与环境科学专业背景的（张正勇，2009）。森林资源审计亦面临这样一个矛盾问题——当前"懂林业的不识审计，会审计的不知林业"，这种尴尬局面将会存在一定时期。

最好的解决手段就是采取联合审计（或联合工作）的方式。例如，由两个（或以上）独立的具有一定森林资源审计经历的审计组织联合审计，互相取长补短；由森林资源内部审计机构协同配合外部审计组织进行审计，以提供更多被审计单位的实际情况和行业规律；联合工作的方式，主要是指审计组织、人员利用林业专家工作，或聘请林业科学研究院、林业调查规划队、林业勘察设计院等林业系统专业机构提供工作帮助。长远来看，联合审计（或联合工作）的方式必将积极促进审计、林学两大学科的深度融合，培养出"既懂林业又会审计"的复合型审计人才。

森林资源审计应逐渐由强制审计为主向自定审计为主转变。现阶段的各类资源审计，主要是出于领导干部的经济责任审计或离任审计的需要而发展起来的，开展的森林资源审计均具有强制审计的色彩。但随着森林资源审计内涵的不断延扩，审计目标逐渐演变，加上森林资源审计具有一定的绩效审计属性，森林资源审计的发展之路不应是行政化的强制性。森林资源审计应走向市场化、业务化、自愿化，以社会化自定审计为主、政府性强制审计为辅。为此，政府职能部门应搭好平台，建好市场，引入市场机制来推动森林资源审计的发展。目前最有效的途径是制定一些门槛政策来倒逼森林资源审计的市场化发展。

同其他审计类型一样，森林资源审计应由侧重事后审计向事前审计、事中审计监督预防为主转变。自然资源普遍具有不可估量的经济价值和生态价值，但是一旦被破坏，往往也是难以挽回的。因为就算是可再生性资源，绝大多数资源的恢复也都需要极其漫长的时间，更毋庸说那些不可再生性资源了。森林资源更是如此，林木生长缓慢，经营周期长，一旦不合理的经营管理措施或活动施加其上，带来的生态灾难是短时期内无法弥补的，甚至是永久不可逆的。森林资源审计应注重事前的预防性审计监督，积极发挥事中审计的及时查错纠治作用，促进和提高森林经营活动的正确性、合理性和效益性。但不意味着放弃事后审计，森林资源审计中的森林经营效果审计评价只能采取事后审计，这是森林生长及生态系统对林业活动影响的滞后性反映决定的。

3.4.2　森林资源审计的方法

森林资源审计是资源环境审计领域的又一新兴领域。从本质上来看，森林资源审计仍然是审计活动的一种，所以常规审计方法对森林资源审计也是适用的。但森林资源审计范围较广、审计内容多样、审计环境复杂，同时它又兼具政策跟踪审计、经济责任审计和绩效审计等的特质，显然其审计方法的选择运用上必定又与传统财务收支审计存在差异。为此，必须打破常规审计方法的束缚，采取审查检阅、走访座谈、问卷调查、实地勘检、多维分析等方法，实现森林资源审计的各项目标。但必须指出，审计方法不是单独使用的，通常都是互相配合交叉利用；不同类型、内容的审计有其适用的审计方法，但也不是绝对的，应具体审计事项具体分析和应用。

1. 审查检阅

审查检阅是各类审计都适用的审计方法，是审计实践中应用最广泛的技术方法。例如，检查被审计单位各项林业业务活动的书面记载材料，从中了解被审计单位对各项法律法规、制度规章、业务规范及技术标准的遵循情况；审阅被审计单位林业财政专项和林业补贴资金使用管理的会计材料，从中初步判断合法合规性和经济效益性；审查反映被审计单位森林经营活动轨迹的台账、汇表、簿册、码单等，从中初步评价森林经营活动的合理性、效益性和可持续性。审查检阅可广泛应用于林业财政财务审计、林政管理审计。

2. 走访座谈

林业政策涉及面较广，为此在森林资源审计过程中应实施多部门、多对象、多层次的走访座谈。走访政策制定部门、资金管理部门和林区干部群众，广泛听取各方的意见、建议，真正做到问效于民，问计于民。从审计目的来看，走访座谈适用于涉林经济责任审计；从审计内容来看，走访座谈则非常适用于非木质经营审计、生态及社会效益审计。走访座谈的审计方法能得到第一手的被审计单位以外第三方的客观信息，有助于评价和判断森林经营活动的效益性。

3. 问卷调查

问卷调查可以作为走访座谈的补充，毕竟走访座谈耗时耗财。可根据审计内容和目的，分别设计有针对性的问卷做调查。这种审计方法的调查面广，能较全面地获得所需信息和反馈，也比较节约审计成本，提升审计效率。但是问卷调查法的运用要注意三个重要方面：一是问卷设置（如调研问题设置、问卷对象设定等）要合理到位且有针对性，做到简明扼要、易于回答，能够客观清晰地反映审计事项；二是问卷调查过程中要注意抗干扰和影响，以保证问卷调查的真实性和客观性；三是问卷调查的实施方式无论是书面问卷或是电子问卷，要注意全过程中应避免被审计单位的参与或解除。例如在审计林业专项补贴资金的使用、管理和绩效时，可分别设计针对村镇干部和针对农户的不同调查问卷，以了解林区干部群众对补贴资金的了解程度、支持度、政策执行的公开透明度、政策执行满意度、存在的问题和建议等。问卷调查法能为审计人员客观评价被审计单位的政策制度执行情况、财务资金使用情况等方面提供较有价值的证据。

4. 实地勘检

与企业经济活动不可再现不同，森林经营管理活动及措施的后续都直接体现和反映在山野的森林林分上。也就是说，森林经营活动的轨迹除了记载在各种业务资料上，还有林分小班可以直接呈现。要了解森林经营管理活动效果，除查看账簿、业务资料外，实地踏勘山场是最直接、最有效的。因此，森林资源审计中必定要采取实地勘检的方法，才能全面评价和判断森林经营管理活动。前面审计方式的探讨中，即提出就地审计方式才是森林资源审计适用的。实地勘检法必须运用到专业性、技术性的林业调查勘测技术和林业经验判断，如样地调查、样圆调查、角归检测来测定单位面积蓄积量，林分平均树高、平均胸径、生长率的测定，造林是否符合"适地适树"原则，采伐方式及强度是否符合行规，林分质量的优劣等。森林资源审计实践中，运用上述方法可以提升审计效率和准确性。实地勘检法适用于森林培育更新审计、森林生产采伐审计、森林保护审计等。

5. 多维分析

在森林资源审计过程中，可采取多种分析对比方法，评价森林经营管理活动实效。运用指标对比分析法，评价和判断被审计单位落实、执行和完成森林经营方案的情况；运用趋势分析法，分析和了解被审计单位资源数据及林分质量的历史变化情况；运用结构分析法，分析和评价被审计单位的森林资源质量和森林经营结构情况；运用分析对比法，评价和鉴定被审计单位森林资源生态效益及社会效益的发挥情况等。对森林资源审计的相关指标数据进行多维分析，可以帮助审计人员真正了解被审计单位实际的森林经营管理活动情况以及各项财政资金的使用绩效。同时，利用相关指标数据的横向对比分析，还可进一步考察被审计单位在森林经营管理活动中的职责履行程度及所做出的改进，特别适用于对领导干部的经济责任审计和离任审计。

3.5　森林资源审计的原则与依据

3.5.1　森林资源审计的原则

审计原则是指导审计工作的基本要求，是组织审计工作、处理审计事项所必须遵循的规律。无论进行任何审计都必须全面贯彻各项审计原则，才能实现其审计职能和发挥审计作用，圆满地完成审计任务。森林资源审计既要把握独立性原则、客观性原则、针对性原则、法制性原则等一般审计原则，更要结合森林资源实际和林业行业情况在审计活动中侧重对特殊审计原则的遵循。

1. 一般审计原则

独立性原则，要求森林资源审计人员在执行审计任务时，必须遵守这一重要原则，不受外来任何影响干扰、侵犯，确保完成审计任务。森林资源审计同样受到《中华人民共和国宪法》（以下简称《宪法》）《中华人民共和国审计法》（以下简称《审计法》）等法律保障，其审计活动尤其是政府审计机关执行的森林资源审计依照法律进行，不受任何干涉和侵犯，确保其审计监督作用。

客观性原则，要求森林资源审计工作必须实事求是，根据已发生的经济活动事项和客观事实结果为审计素材。否则，就失去了审计工作基础，导致审计结论的失真和处理问题的错误。森林资源审计的外业繁重、环境艰苦，对客观性原则的把握比其他一般审计活动更具有挑战性，但同样不可舍弃。

针对性原则，要求森林资源审计人员应当针对审计目标来具体确定审计对象和范围，然后根据不同的对象和范围选择恰当有效的审计依据以及采取不同审计程序和方法进行监督评价。缺乏有针对性的审计活动，容易造成审计效率低下和审计成本增加的后果，无法达到预期目标，做到查证问题以及审计资源合理配置。

法制性原则，要求森林资源审计工作必须以党和国家的政策、法令与规章制度作为判断经济活动是否合法、合理的唯一标准，这是一项重要的基本原则，必须遵守。森林资源审计必须维护涉林政策、法令的严肃性，促进林业政策法规的贯彻实施。

2. 特殊审计原则

重点审查原则，是指除需要全查全检的森林资源审计任务外，审计人员可以在执行森林资源审计任务时，统筹结合审计任务要求和审计目标，选择重大经济事项、重点森林资源、重要经营活动等进行审计监督。实务中，森林资源审计常常面临着资源分布广散、山场远高、林情多样等不利条件，甚至存在不可及林；适情适当遵守重点抽查原则，可以促使审计抓重点、增效率、强效果。

资源保密原则，要求森林资源审计工作人员必须按照国家有关保密的法律法规的规定以及各级政府要求，履行法定程序，对秘密资源数据、档案、簿册、图集等依法进行调阅、使用、复印、存储和管理等，并采取有效的保密措施，严防泄密。资源安全也是国家安全的重要组成部分，对于按规定需予以保密管理的森林资源数据和档案资料，如果被泄露将会对涉林工作不利或给国家带来不可估量的损失。

适情适责原则，要求森林资源审计人员必须注重具体问题具体分析，谨慎地对问题和责任做出恰如其分的界定与处理，特别是党政主体责任界定、前后任履职责任界定、生态复合影响责任界定、接壤毗邻责任界定，等等。实务中，由于森林生态系统的综合性以及林业经营管理的特殊性，责任情况错综复杂，法规又不可能对各类情况、逐项问题等做出明确规定，致使森林资源审计在履责评价和责任界定过程中十分困难。

分类评价原则，要求以森林资源禀赋和主体功能区规划为基础建立健全科学的森林资源审计评价体系，根据不同区位、不同功能、不同林情，坚持约束性与选择性并举、实时性与未来性同兼、定性与定量评价相结合，实施科学合理、各有侧重的审计评价分类标准。森林资源审计要着力解决评价标准"一刀切"问题，合理设置和使用评价指标，实行区域差别化评价，提升涉林被审计单位的积极性和认可度，以进一步促进实现其对森林资源的高效经营、管理和使用。

群众路线原则，森林资源审计监督的对象，范围广泛、情况复杂、技术性强、影响面宽，仅仅依靠专职审计人员是较难完成审计任务的，因此必须依靠群众支持搞审计、依靠群众配合强监督、依靠群众获得感搞评价。要求擅于从各方面取得协作和支持，依靠群众调查了解情况和事实，特别要注意取得涉林被审计单位广大职工、林农林户、社区居民等的密切配合与支持。

3.5.2　森林资源审计的依据

当前森林资源审计是源于经济责任审计、离任审计的需要而发生发展的，具有一定的经济效益审计特质。而我国财政财务审计的依据比较明确，经济效益审计的审计依据一直处于探索中（秦荣生等，2011）。因此，森林资源审计的依据就目前来看也是不够明确的。森林资源具有地带性分布，不同地区、不同类型的林分结构和经营措施千差万别，审计依据的界定更需要突出适用性、准确性和针对性。除了税法、会计法、企业会计准则等一般共同性审计依据外，森林资源审计的审计依据很大一部分与林业相关，按其性质内容大体可分为林业法律、行政法规、部门规章、林业行业标准、林业业务规范、森林经营规划等，包括但不局限于这些。

1. 林业法律

《中华人民共和国宪法》是森林资源审计的最高依据，《中华人民共和国审计法》和《中华人民共和国森林法》是森林资源审计的根本依据。用作森林资源审计的审计依据的主要还有《中华人民共和国野生动物保护法》《中华人民共和国种子法》《中华人民共和国土地管理法》《中华人民共和国防沙治沙法》等。除此之外，我国参与或签署的涉林国际公约，以及国际机构组织制定的规定，特定项目下也是森林资源审计的重要审计依据，如世界银行贷款造林项目的审计。

2. 行政法规

主要包括各级主管部门和地方各级立法机构、人民政府按照国家颁布的法规，结合本部门、本地区实际情况加以制定的。用作森林资源审计的审计依据的主要有《中华人民共和国森林法实施条例》《森林防火条例》《退耕还林条例》《中华人民共和国野生植物保护条例》《中华人民共和国自然保护区条例》《中华人民共和国陆生野生动物保护实施条例》《中华人民共和国野生植物保护条例》《森林采伐更新管理办法》《森林病虫害防治条例》《森林和野生动物类型自然保护区管理办法》等，以及各地方性行政法规。

3. 部门规章

部门规章是国务院各部委根据法律和行政法规的规定与国务院的决定，在本部门的权限范围内制定和发布的调整本部门范围内的行政管理关系的、并不得与宪法、法律和行政法规相抵触的规范性文件。用作森林资源审计依据的主要有《国有林场管理办法》《国家级森林公园管理办法》《林业行政许可听证办法》《森林资源监督工作管理办法》《林木种质资源管理办法》《林木种子质量管理办法》《林业统计管理办法》《占用征用林地审核审批管理办法》等。

4. 林业行业标准

主要包括国家和地方各类林业行业标准、技术规程。用作森林资源审计依据的主要有《主要针叶造林树种优树选择技术》《东北、内蒙古国有林区采伐更新调查设计规范》《南方集体林区采伐更新调查设计规范》《公益林与商品林分类技术指标》《名特优经济林基地建设技术规程》《低产用材林改造技术规程》《国有林区营造林检查验收规则》《中国森林可持续经营标准与指标》《造林作业设计规程》《森林采伐作业规程》《林业有害生物发生及成灾标准》《森林生态系统服务功能评估规范》等。林业行业标准作为审计依据具有明显的时效性和地域性。森林资源审计依据选择中，在林业行业标准的选择适用上应多加判断。

5. 林业业务规范

主要是指涉林单位在森林管理与经营的各个环节上，对资金使用、政策落实及业务活动所做出的规定和规范，通常只在本单位内部执行，且不得与法律、行政法规、部门规章等相抵触。如单位内部的各项业务管理制度等，是判断和评价被审计单位经营管理活动经济效益性及内部控制系统有效性的重要审计依据。

6. 森林经营规划

主要包括被审计单位制订的各项计划、预算和经济合同材料。如森林经营方案、年度生产采伐规划、年度造林更新计划、小班采伐规划设计、林业用工合同、森林病虫害监测规划等，是判断和评价被审计单位经营管理活动经济效益性的重要审计依据。

3.6　森林资源审计的目标与特点

3.6.1　森林资源审计的目标

今日之森林资源审计，早已不是仅仅服务于国有森林资源经营的监督管理。森林资源审计正处于新形势下的改革浪潮中，其目标内涵应具有时代色彩、行业特征和审计属性。森林资源审计的总目标是顺应生态文明建设和林权制度改革的需要，监督和评价森林经营管理单位的业务活动、内部控制及其他相关经济活动的适当性与有效性，审查和鉴证森林经营管理的业务资料、财务资料及其他有关资料的真实性与公允性，以促进扩大森林资源数量、提升森林资源质量，实现森林资源可持续性经营管理。

森林资源审计的具体目标则需结合具体审计事项来确定。森林资源生长规律有其特殊性，况且还存在诸多行业因素，如林业管理体制的庞大复杂、各地林业政策制度迥异、林业财政及税费优惠差异等。因此，特定时间、特定地点开展森林资源审计工作，审计具体目标诉求是不可能完全相符的。森林资源审计是为特定目的服务的，同样的森林资源审计因审计目标的不同，所采用的审计标准和审计技术就可能不同，所得结果也会有差异。森林资源审计工作是基于外部环境，按法律上的许可性、技术上的可能性、经济上的合理性进行充分分析，因此具体审计目标随各种因素的变化而变化，这构成了森林资源审计目标的特殊性质。

3.6.2 森林资源审计的特点

毫无疑问，森林资源审计谓之"审计"，则其必然具备一般审计的两个特征：独立性和权威性。这从其定义中已可窥探一二。但森林资源审计同时又是一项技术性、专业性、政策性颇强的审计工作，参与者一方面须掌握一般审计的基础理论和专业技能，另一方面还应熟悉森林资源本身特殊的生长变化规律、林业外业调查技术和森林经营管理体制等，其知识结构既涉及林学、生态的专业知识，又涉及经济学、法学、管理学等学科知识，是跨学科的协同工作。因此，森林资源审计也有其不同于一般审计的特点。

1. 时效性

一方面，森林经营目标有变动，林业政策也有阶段性调整；另一方面，森林资源本身也一直处于生长之中。森林经营单位的森林资源数量和经营结构都不可能是静止不变的。因此，审计结论只能说明某个涉林单位在特定时期内的林业政策制度规定下的森林资源经营状况和水平。随着时间的推移，各种因素必然会发生变化，并产生较大的差距。故对领导干部开展的森林资源离任审计等审计项目应注意这种时效性的约束。

2. 风险性

森林资源通常分布于人迹罕至的荒郊野外，是"围墙外"的资源。林区山高路陡，交通不便，生活和工作条件较差。森林资源审计的资产核查是以外业调查为主的工作，工作中风吹日晒雨淋，与一般资产的核查相比更加艰辛。森林资源审计的基础数据之一便是资源小班一览表，而森林资源实物量大、分布广，资产清查非常困难，因而通常采用抽样小班调查。这些特殊行业属性导致两个风险的提高——人身安全风险和审计风险。

3. 多维性

森林资源是一种可再生性自然资源，这既是森林经营的特点，也是实现森林可持续性经营管理的必备基础。在审计时，特别是执行绩效审计时，既要关注森林经营扩大再生产的投入，即森林更新、造林培育、森林保护等的费用负担，又须考虑再生产的期限，即未来经营期的长短，包括产权变动对经营期的限制，这样才能全面综合平衡森林资源培育、利用和保护的关系。

4. 长期性

森林经营周期根据树种结构、培育目标、地利因素、经营政策等因素的不同，短则数年，长则数十年乃至上百年。这种经营周期长的林业特点对审计工作的影响表现为以下几个方面。

（1）森林生长经营管理活动的效应滞后。与农业一年多季不同，林木生长普遍缓慢、周期长，任何森林经营政策和措施的施加，其效应的呈现需要数年时间。因此，森林资源审计时，不能仅着眼于当下，必要时需做出适当预测判断。对于一些特殊审计项目，甚至以追溯审计或预测审计的形式开展更为妥当。

（2）由于经营周期长，币值变动等社会经济因素的影响极为重要，在对经济性、效益性的审查和评价工作中，应给予适当考虑衡量。否则可能出现一二十年前低造林成本与时至今日的高昂木材价格不对等的情形。

（3）由于经营周期长，对未来投入产出的预测较为困难，而某些审计事项是建立在对未来投入产出预测的基础上，其预测的准确性与否对审计风险控制的影响很大。

5. 多样性

森林生态服务系统功能的多样性给森林资源审计带来了重大影响。在传统营林生产中，林业工作者一直忽视生态效益和社会效益，觉得它们限制了经济效益的发挥。而现阶段，国家为了外部性公共利益制定了一系列规章制度，对一些森林经营活动进行限制约束，在一定程度上的确影响了森林最佳经济效益的发挥。如何平衡和评价森林"三大效益"的发挥，在审计时必须给予充分关注。此外，森林资源的生态效益和社会效益在外部传播上虽然很大，但都是无形又互相联系的，审计时对生态效益和社会效益的处理是森林资源审计的极有争议的难点。

3.7　本章小结

党的十八大以来出台的各种生态、政治、经济政策，推动了各类自然资源审计理论和实践的发展；党的十九大报告更是重点着墨推进生态文明建设和完善自然资源管理的新时代使命。森林资源审计工作面临理论体系发展滞后于审计实务工作的尴尬局面。在明晰森林资源及其经营管理相关定义的基础上，提出用"森林资源审计"一词来界定对森林资源及其经营管理活动的审计工作是较为恰当的。完整分析和阐述森林资源审计的定义及内涵，是构建理论框架必须先解决的问题。森林资源审计的概念中蕴含了诸多审计要素，是对森林资源审计的界定，更是构建森林资源审计理论框架的组成要点。森林资源审计的理论框架研究已经就森林资源审计的概念、审计目标、审计特点、审计对象、审计内容、审计主体、审计分类、审计方式、审计依据及审计方法等审计要素展开了详细论述，初步勾勒出了森林资源审计的理论框架，这为森林资源审计的进一步发展奠定了一定基础。

第4章

森林资源审计的实务技巧

4.1 森林资源审计的工作流程

与一般审计工作一样，森林资源审计的工作流程也大致分为审计准备、审计实施和审计报告、审计档案归集与整理四个阶段，如图4-1所示。

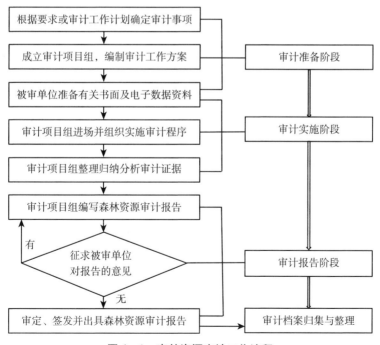

图4-1 森林资源审计工作流程

4.1.1　审计准备阶段

主要审计工作事项包括：接受委托或授权，确定具体审计项目；成立审计项目组，并确定审计项目组组长或项目负责人；对被审计单位或对象进行必要的调查和了解，主要了解该项目性质、范围、组织架构、人员队伍情况、林业财务核算特点等；确定审计工作重点领域，编制审计工作计划方案并报批；召开由相关林业主管部门及人员、审计项目组、被审计单位或对象、其他有关单位或人员等共同出席的进点会议，协商审计进场工作事宜；提供需要由被审计单位或对象在进场前准备或整理好的资料清单。

4.1.2　审计实施阶段

审计实施阶段是森林资源审计区别于一般审计的地方，体现在审计对象、审计内容和审计技术方法等方面的行业特殊性、技术性和专业性。森林资源审计的审计目标多元、业务活动及资料庞杂、资源分布广远且财务核算独具特点，为了合理控制森林资源审计成本、提高审计效率和确保审计质量，实施森林资源审计总体应当采取先室内资料检查后野外实地踏查的工作组织顺序，并纵向依序遵循种源种苗、营林抚育、森林采伐、森林管护、森林监测等森林经营活动进行审计检查和踏查，同时横向兼顾被审计单位的科室和职责设置开展审计工作活动。

主要审计工作事项包括：对被审计单位或对象提供的业务资料、财务资料和其他资料等按方向及环节依序实施审计程序，并记录各类疑问或问题，同时根据资料及审计情况确定下一步需要召开的座谈会种类及次数、访谈人员类型和数量、抽查小班及林区山场、林业调查设施设备技术支持、其他准备实地或现场踏查的事项等；可通过实施询问、检查资料等审计程序即可关闭的疑问或问题，应当及时处理解决；整理汇总审计实施过程中已经发现的问题及有关情况；根据审计需要和问题情况，实施实地或现场的踏查、走访与调查等审计调查程序；根据前期阶段工作情况，实施相关的追加审计程序，包括必要的资料补充检查和实地深度踏查等；向有关主管部门汇报核实审计工作情况，并确定拟在审计报告中反映的问题和披露的事项。

4.1.3　审计报告阶段

主要审计工作事项包括：审计项目组归集审计工作底稿，编制森林资源审计报告初稿，并向林业主管部门或相关部门提交审核森林资源审计报告初稿和审计工作底稿；审计项目组依据审核要求和意见，修订森林资源审计报告初稿为征求意见稿；与被审计单位或对象针对森林资源审计报告征求意见稿进行沟通，并视沟通情况最终定稿；出具正式森林资源审计报告，并送达被审计单位、林业主管部门或相关部门。

4.1.4　审计档案归集与整理

主要审计工作事项包括：审计项目组依据审计档案归档程序，及时进行对审计工作底稿的归集和整理；按规范要求将审计报告进行统一编号和存档；将整理好的审计档案装订成册、编码和存档。

4.2　森林经理期审计的操作指引

4.2.1　审计性质

森林经营方案是森林经营主体为了科学、合理、有序地经营森林，充分发挥森林的生态、经济和社会效益，根据国民经济和社会发展要求、林业法律法规政策，以及森林资源状况及其社会、经济、自然条件编制的森林资源培育、保护和利用的中长期规划，对生产顺序和经营利用措施的规划设计；森林经营方案经营期为一个森林经理期，一般为 10 年；以工业原料林为主要经营对象的可以为 5 年。[①]

编制和实施森林经营方案是一项法定工作。森林经营方案既是森林经营主体制订年度计划、组织森林经营活动、安排林业生产的依据，也是林业主管部门管理、检查和监督森林经营活动的重要依据。因此，森林经理期审计则是指以经营管理森林资源的企业、事业和行政区划单位为对象，对其一个经理周期内的森林经营管理活动的效果进行审计评价。森林经理期审计应当作为法定性、周期性的森林资源审计项目，以及时评价森林经营效果、查找问题，促进持续改进森林经营主体的森林经营管理策略和规划。

---

① 国家林业局：《关于印发〈森林经营方案编制与实施纲要〉（试行）的通知》，载《国家林业局公报》2007 年第 1 期。

4.2.2 审计目标

森林经理期审计是针对规划方案落实执行而实施的审计活动，其审计目标包括：评价森林经营主体是否严格按照森林经营方案规划设计的各项任务和年度安排制订年度计划、编制作业设计、组织并开展各项经营活动；是否达成森林经营方案所提出的规划期内要实现的经营目标；该森林经理期内各项经济活动的合法性、合规性及效益性。

4.2.3 审计对象

森林经理期审计的对象，主要是从事森林培育、经营管理，且范围明确、产权明晰的单位或组织，现阶段具体包括三大类（见表4-1）：森林经营方案的一类编案单位，如林业局、国有林场、国有森林经营公司、国有林采育场、自然保护区、森林公园等国有林经营单位；森林经营方案的二类编案单位，如林业合作组织、家庭林场等达到一定规模的集体林组织、非公有制经营主体；森林经营方案的三类编案单位，其他集体林组织或非公有制经营主体。

表4-1　　　　　　　　森林经理期审计的审计客体类型

编案单位类型		审计对象	代码	备注
一类编案单位	生产性采伐单位	国有林场、国有森林经营公司、国有林采育场	I-1	·国有林经营单位必须编案 ·国有林场改革，逐步转为以生态性培育资源为中心任务
	非生产性采伐单位	林业局、自然保护区、森林公园	I-2	
二类编案单位		集体林场、林业合作组织、企事业单位、家庭林场	II	·集体森林资源 ·达到一定规模 ·鼓励独立编案
三类编案单位		林农个人或小规模森林经营主体	III	·未达到一定规模 ·可编制简明森林经营方案

4.2.4 审计内容

1. 森林经营方针与经营目标

是否根据国家、地方有关法律法规和政策，并结合现有森林资源状况、林地生产潜力、森林经营能力和当地经济社会情况等综合确定；在本审计周期内是否得到落实执行和实现。

2. 森林功能区划

是否按照各类林业规章制度要求，以区域为单元进行森林功能区划；对于具有一种或多种属性的高保护价值区域是否予以优先区划；在本审计周期内是否得到落实执行和实现。

3. 森林分类与组织经营类型

公益林和商品林区划是否根据国家、地方相关规定和规划以及经营者意愿划定；以小班为单元组织森林经营类型，是否综合考虑了生态区位及其重要性、林权、经营目标一致性等因素；将经营目的、经营周期、经营管理水平、立地质量和技术特征相同或相似的小班组成一类经营类型，在本审计周期内是否得到落实执行和实现。

4. 森林经营规划设计

公益林经营规划设计与执行，是否依据有关法律法规和政策，并结合经营单位公益林保护与管理实施方案等进行；商品林经营是否在确保生态安全的前提下以追求经济、生态和社会效益协同为目标，充分利用林地资源，实行定向培育、集约经营。

5. 森林采伐作业

是否结合森林经营规划，采用系统分析、最优决策等方法进行测算，确定森林合理年采伐量和木材年产量，满足利益相关者的经营目的；是否严格执行森林年采伐限额及审批制度；是否采取有力的采伐工艺措施、方案或设计将森林采伐对生态环境的影响降低到最低程度，以提升森林资源的保护价值和持续提供物质、生态、文化产品的能力。

6. 非木质资源经营与森林游憩规划

是否合理规划和执行非木质资源的经营利用方式、强度、产品种类和规模等；是否合理因地制宜地确定环境容量和开发规模，开展以森林生态系统为依托的游憩活动。

7. 森林健康与生物多样性保护

是否明确森林火险区划等级，制订森林防火布控与应急预案，落实森林防火队伍、装备和基础设施等的建设和管理；是否采取必要的生物防治和抗性育种等措施，规划、建立和执行预测预报系统与监测预警体系；森林经营全过程是否采取了相当的林地生产力维护措施；是否分区确定森林经营策略，将采伐、造林、修路等森林经营活动导致的水土流失降到最小；是否充分考虑了生物资源类型、保护对象特点、制约因素及影响程度、法律法规与政策等进行生物多样性保护。

8. 基础设施与经营能力建设

林道规划建设、维护是否符合森林经营的实际需要和建设能力；其他营林配套基础设施规划和建设，是否充分结合国家、地方相关的基础设施建设与规划；森林经营管理队伍建设是否与森林经营单位的经营目标、经营任务、劳动定额等相适配；森林经营档案建设是否完善齐全。

9. 投资决算与效益

各项林业财政资金、专项基金、专项贷款等的使用和管理是否合规合法；规划期内的实际资金投入与森林经营方案的投资概算是否相符；森林资源动态变化、木材及林产品生产能力、投入与产出等指标是否正向提高；规划期内各项资金的使用效益性、效率性和效果性。

10. 森林经营的生态与社会影响

对水土保持、生物多样性保护、地力维持、森林健康维护等进行长周期的生态影响评价或预测性评判；对社区服务、社区就业、森林文化宗教价值维护等进行长周期的社会影响评估或预测性评判。

4.2.5 审计指引

各级审计机关以及林业主管部门应切实加强森林经营方案编制与实施的管理，定期对编案单位实施森林经营方案的情况和效果进行审计监督和检查评价。为全面推进我国的森林可持续经营工作，规范和引导森林经营主体科学编制和实施森林经营方案，森林经理期审计的实施可参考表4-2所示的审计指引，围绕森林经营方案并在实务操作中充分结合审计项目要求、单位情况、地域实际等加以调节。

表4-2 森林经理期审计操作指引

审计内容	子项序号	内容子项	审计证据	审计方法	审计技术	审计依据	适用对象
1-森林经营方针与经营目标	1-1	订立合理与否	森林经营方案、经营分布图、会议记录、单位章程	审阅、询问、分析	以建档资源数据为基础，结合森林资源评价分析判定	当地国民经济发展及森林可持续经营目标；其他规划和计划	Ⅰ-1、Ⅰ-2、Ⅱ、Ⅲ
	1-2	落实执行与否	作业规章、经营资料	审阅、核对、比较	检查业务资料核实情况	森林经营方案	Ⅰ-1、Ⅰ-2、Ⅱ、Ⅲ
2-森林功能区划	2-1	区划合理与否	森林经营方案、会议记录、单位章程、区划图册	审阅、调查、询问、分析	以区划图册为基础，实地调查核实情况	国家、地方政策；主体规划；当地生态规划	Ⅰ-1、Ⅰ-2
	2-2	高保护价值区域优先划定	森林经营方案、会议记录、单位章程、区划图册	审阅、核对、分析	以区划图册为基础，实地调查核实情况	森林经营方案	Ⅰ-1、Ⅰ-2
	2-3	落实执行与否	作业规章、经营资料	审阅、核对、比较	以区划图册为基础，实地调查核实情况	森林经营方案	Ⅰ-1、Ⅰ-2
3-森林分类组织与经营类型	3-1	分类划定合理与否	森林经营方案、资源档案	审阅、询问、分析	以建档资源数据为基础，结合森林资源评价分析判定	国家、地方有关法律法规和政策；当地国民经济发展及森林可持续经营目标	Ⅰ-1、Ⅰ-2、Ⅱ
	3-2	组织经营类型	森林经营方案、资源档案	审阅、询问、分析	以建档资源数据为基础，结合森林资源评价分析判定	国家、地方有关法律法规和政策；生态区位特征；经营管理条件	Ⅰ-1、Ⅰ-2、Ⅱ、Ⅲ
	3-3	落实执行与否	作业规章、经营资料、林分情况	审阅、核对、观察、比较	检查业务资料，抽取小班实地调查核实情况	森林经营方案	Ⅰ-1、Ⅰ-2、Ⅱ、Ⅲ

续表

审计内容	子项序号	内容子项	审计证据	审计方法	审计技术	审计依据	适用对象
4－森林经营规划设计	4－1	公益林经营规划	公益林的造林、抚育、保护和更新改造等的设计资料；作业资料；林分情况	审阅、观察、核对、比较	以建档资源数据为基础结合森林资源评价情况实地调查核实	国家、地方有关法律法规和政策；公益林保护与管理实施方案	Ⅰ－1、Ⅰ－2、Ⅱ
	4－2	商品林经营规划	按经营措施类型组进行规划的具体设计资料；作业资料；林分情况	审阅、观察、核对、比较	以建档资源数据为基础，结合森林资源评价情况实地调查核实	国家、地方有关法律法规和政策；森林经营方案	Ⅰ－1、Ⅰ－2、Ⅱ、Ⅲ
5－森林采伐	5－1	年采伐量与木材生产量测算	森林经营方案	审阅、分析、复算	以建档资源数据为基础计算分析	国家、地方有关法律法规和政策；当地国民经济发展及森林可持续经营目标	Ⅰ－1、Ⅰ－2、Ⅱ、Ⅲ
	5－2	采伐限额审批及作业	采伐限额审批文件；作业资料	审阅、核对	检查审批文件、采伐数据资料	国家、地方有关法律法规和政策	Ⅰ－1、Ⅰ－2、Ⅱ、Ⅲ
	5－3	采伐作业设计	采伐作业设计方案及相关资料	审阅、比较、分析	检查伐区作业设计	森林经营方案；森林采伐作业规程	Ⅰ－1、Ⅱ、Ⅲ
	5－4	生态性采伐山场	采伐作业相关资料；采伐山场	审阅、询问、观察	根据采伐小班一览表抽取现场实地调查核实	森林经营方案；森林采伐作业规程	Ⅰ－1、Ⅱ、Ⅲ
6－非木质资源经营与森林游憩规划	6－1	非木质资源经营规划	非木质资源经营资料；山场情况	审阅、询问、观察	实地调查核实情况	森林经营方案；资质条件	Ⅰ－1、Ⅰ－2、Ⅱ、Ⅲ
	6－2	森林游憩规划	森林游憩经营资料；林区情况	审阅、询问、观察	实地调查核实情况	森林经营方案；林区条件	Ⅰ－2

续表

审计内容	子项序号	内容子项	审计证据	审计方法	审计技术	审计依据	适用对象
7－森林健康与生物多样性保护	7－1	森林防火	火险等级区划资料;防火布控与应急预案;扑火队伍、装备和基础设施;森林防火日记;台账	审阅、盘点	检查文件并结合现场检查核实情况	国家、地方有关法律法规和政策;森林经营方案	I－1、I－2、II、III
	7－2	林业有害生物防控	生物防治和育种等措施;监测预警体系;防控预案及台账	审阅、观察、核对	检查文件并结合现场检查核实情况	国家、地方有关法律法规和政策;森林经营方案	I－1、I－2、II、III
	7－3	林地生产力维护	造林、采伐、抚育等作业及经营资料;山场情况	审阅、观察、询问	抽取小班实地调查核实情况	国家、地方有关法律法规和政策;森林经营方案	I－1、I－2、II、III
	7－4	生物多样性保护	高保护价值森林区域;珍稀濒危物种保护登记台账;作业及经营资料	审阅、询问、鉴定	抽取小班实地调查核实情况	国家、地方政策;森林经营方案;区域及资源情况	I－1、I－2、II、III
8－基础设施与经营能力建设	8－1	林道规划、建设与维护	工程方案;林道现况	审阅、观察	抽取小班实地调查核实情况	森林经营实际需要;林区条件	I－1、I－2、II、III
	8－2	其他营林配套设施	工程方案;基础设施现况	审阅、观察	抽取小班实地调查核实情况	国家、地方相关基础建设规划;林区条件	I－1、I－2、II、III
	8－3	森林经营管理队伍	组织架构与科室设置;人员花名册;专业技术培训资料	审阅、询问	听取工作汇报、与相关人员座谈	森林经营方案	I－1、I－2、II
	8－4	森林经营档案建设	森林资源档案、经营技术档案、生产管理档案及相关文件、资料	审阅、核对	现场检查档案室(文件柜)	档案管理人员、设施设备和相关管理制度建设规划	I－1、I－2、II

续表

审计内容	子项序号	内容子项	审计证据	审计方法	审计技术	审计依据	适用对象
9－投资决算与效益	9－1	资金使用与管理	会计簿册资料、经济合同协议、业务资料	审阅、核对、复算、比较、分析	同财务审计	国家、地方有关法律法规和政策；森林经营方案；项目文件	I－1、I－2、II、III
	9－2	森林资源动态变化	资源数据档案；木材及林产品产出资料	审阅、核对、复算、比较、分析	计算重要比率和趋进行分析	森林经营方案；其他规划或计划	I－1、I－2、II、III
10－森林经营的生态与社会影响	10－1	生态影响	水土保持、生物多样性保护、地力维持、森林健康维护等相关资料	审阅、询问	听取工作汇报，与相关人员座谈	国家、地方有关法律法规和政策；森林经营方案	I－1、I－2、II、III
	10－2	社会影响	社区服务、社区就业、森林文化宗教价值维护等相关资料	审阅、询问	听取工作汇报，与相关人员座谈	国家、地方有关法律法规和政策；森林经营方案	I－1、I－2、II、III

4.3　森林资源离任审计的操作指引

4.3.1　审计性质

　　领导干部自然资源资产离任审计，是指以推动领导干部切实履行自然资源资产管理和生态环境保护责任，促进自然资源资产节约集约利用和生态环境安全为目标，根据各地主体功能区定位及自然资源资产禀赋特点和生态环境保护工作重点，并结合岗位职责特点，实施的涉及土地资源、水资源、森林资源以及矿山生态环境治理、大气污染防治等重点领域的审计。自然资源资产离任审计是党的十八届三中全会提出的自然资源资产产权制度。将自然资源资产纳入领导干部离任审计是全新的举措，此前只有经济责任审计。领导干部自然资源资产离任审计已由试点进入全面推开阶段，向制度化、规范化、科学化迈出了坚实的一步。

　　森林资源离任审计是指各级林业主管部门组织或委托第三方机构开展的，运用一定的评价方法、量化指标和判定标准，在林政领导干部离任时对其在任职期间的森林资源增减变化及管理情况进行综合性的审查与评价。现阶段，森林资源离任审计作为领导干部经济责任审计、自然资源资产离任审计等的项目组成的情形居多。但是，随着森林资源领域的审计成熟、林政管理考核需求的增加，以及领导干部离任审计覆盖面的拓宽，森林资源离任审计正逐渐成为一类独立的审计活动。国家林业局印发《国有林场管理办法》（2011 年）和《国有林场中长期发展规划（2020—2035 年)》，明确要开展国有林场场长任期森林资源考核和离任审计。四川、河北、福建、贵州、宁夏、安徽、江苏等诸多省（区、市）均已经出台相关文件和具体政策，建立和实施覆盖国有林场场长、国有林场管理局局长等林政管理主体责任者的森林资源离任审计制度。

　　与森林经理期审计的固定周期性不同，森林资源离任审计是因需而行的一类审计活动。依据现有政策，森林资源离任审计毫无疑问同样具有法定特征。林政管理主体责任者的任职期为森林资源离任审计起止时间，重要事项可延伸审计相关年度。森林资源离任审计的审计意见和结论，将作为党政领导干部调动、升迁、考核、评先和离任等的参考依据。

4.3.2 审计目标

森林资源离任审计的审计目标：依照国家和地方有关法律法规，对被审计对象在任期内所在单位森林资源增长、经营与消耗，资金使用与分配及其他有关资料的真实性、公允性和效益性进行审查、监督、评价和鉴证，以促进被审计对象任期内对森林资源的培育、保护和合理利用，实现森林资源持续增长，更好发挥林业在生态文明建设中的作用。

4.3.3 审计对象

当前，森林资源离任审计对象主要为职务晋升、调整、免职或者辞职、辞退、退休的国有林场场长（包括主持工作的国有林场领导班子副职）、国有林场管理局局长等林政领导干部。待时机成熟、技术完善，森林资源离任审计应当将各级林业局局长、自然保护区及森林公园负责人等涉林领导干部纳入森林资源离任审计对象。

4.3.4 审计内容

1. 森林资源约束性指标

主要审查任期内森林面积、森林覆盖率、森林蓄积量、林地保有量等数量变动情况。

2. 森林资源经营指标

主要审查任期内植树造林、森林抚育、采伐管理、森林防火、林业有害生物防治、生态公益林等禁限伐林管护、林地征占用等情况。

3. 森林资源管理指标

主要审查任期内森林经营方案执行情况，森林资源管理制度建设及执行情况，森林资源档案资料完整度情况，以及是否存在破坏森林资源的违规违纪行为。

4. 森林资源保护利用

主要审查任期内森林资源保护利用管理制度的建立和执行情况，任期内森林资源保护利用管理方面的重大决策情况，任期内森林资源保护利用管理方面的相关资金管理使用和林业生态工程建设情况等。

5. 森林生态系统服务功能价值指标

主要估算和审查森林生态系统服务功能价值及其变动情况。

4.3.5　审计指引

各级林业主管部门负责组织开展同级林政领导干部的森林资源离任审计，可委托独立第三方开展审计工作。考虑到有的林政领导干部任职时间较长，无法等到离任卸任时再行开展森林资源离任审计，为了能够及时查找森林资源管理方面的问题和健全完善森林资源管理制度，森林资源离任审计也可结合实际工作需要辅以任中审计的形式，做到定期审计与不定期审计相结合。森林资源离任审计的操作指引如表 4 - 3 所示。

表 4 - 3 森林资源离任审计操作指引

审计内容	子项内容	审计具体内容	审计证据	审计方法	审计技术	审计依据	备注
1－森林资源约束性指标	1－1 森林面积	森林面积增减变化	森林资源建档数据；实地核查资料；卫片检查	审阅、核对、观察、分析	以森林资源建档数据为基础，结合实际完成情况核实指标完成情况	国家、地方有关法律法规和政策；绩效考核管理办法	一票否决指标
	1－2 森林蓄积量	森林蓄积量增减变化	森林资源建档数据；实地抽查资料	审阅、核对、观察、分析		国家、地方有关法律法规和政策；绩效考核管理办法	一票否决指标
	1－3 森林覆盖率	森林覆盖率增减变化	森林资源建档数据；卫片检查资料；实地抽查检查	审阅、观察、复算、分析		国家、地方有关法律法规和政策；绩效考核管理办法	一票否决指标
	1－4 林地保有量	林地保有量变化	森林资源建档数据；实地抽查资料	审阅、核对、观察、分析		国家、地方有关法律法规和政策；绩效考核管理办法	一票否决指标
2－森林经营管理指标	2－1 植树造林	任务完成情况及其综合达标率，保存率	营林资料；实地核查资料	观察、盘点、复算、分析	以造林一览表为基础，进行山场造林检查	"三个必造"工作检查办法；项目（基地）检查验收办法；造林规程	
	2－2 森林抚育	任务完成情况及实施工量	抚育资料；实地抽查资料	审阅、观察、核对	以抚育间伐任务清单为依据到山场检查	各级各单位森林抚育检查验收办法	
	2－3 采伐管理	年度采伐计划完成情况；依法采伐，规范凭证采伐；伐区管理质量	采伐设计、审批检尺、运输等采伐生产资料	审阅、核对、比较、观察、分析	以采伐小班汇总表为基础，依据进行采伐流程资料钩稽对比，并结合伐区检查	伐区作业检查办法	

续表

审计内容	子项内容	审计具体内容	审计证据	审计方法	审计技术	审计依据	备注
2－森林资源经营指标	2－4 森林防火	火灾起数、过火面积	森林防火台账；实地抽查资料	审阅、观察	卫片检查结合火灾实地抽查	森林防火管理办法	
	2－5 林业有害生物防治	无公害防治率、测报准确率、种苗产地检疫率	防治检疫清单或台账资料	观察、分析	实地抽查	林业有害生物防治检疫管理规定	
	2－6 生态公益林等禁限伐林管护	管护合同履行情况、管护责任落实情况	管护合同或协议；管护制度	审阅、询问	以管护制度和合同条款为依据，座谈和走访管护人员	生态公益林、禁限伐林管护等管理规定	
	2－7 林地征占用	依法依规申报林地审批及使用林地"占补平衡"情况	使用林地审批文件；项目批准文件或者被征用材料；属证明材料；使用林地可行性报告；补偿费和安置补助费协议	审阅、观察、分析	检查审批手续是否完整，抽查核实林地使用面积	占用征用林地审核审批管理办法	建议一票否决指标
3－森林资源管理指标	3－1 森林经营方案	所确定的任务完成或目标达到情况	营林抚育、采伐生产、管护监测等业务资料	审阅、核对、分析	对照森林经营方案制定的指标核查完成情况	森林经营方案	
	3－2 森林资源管理制度	是否建立健全、是否执行	各类相关业务资料	审阅、分析	查看有关的森林资源管理制度	国家、地方有关法律法规和政策；森林资源管理制度	
	3－3 林木林地资源保护	乱砍盗伐林木损失情况、林地被破坏及非法占用、侵占占用、建设项目未经批准使用林地及报案情况	卫片图片、处罚文件、新闻报道、举报材料	审阅、观察、核对	卫片检查结合实地抽查，查看上级林业主管部门、审计、纪检监察部门查出或被新闻媒体曝光，以及职工、群众举报并经查实的违法行为	国家、地方有关法律法规和政策	

续表

审计内容	子项内容	审计具体内容	审计证据	审计方法	审计技术	审计依据	备注
3—森林资源管理指标	3－4 森林资源档案	档案资料是否及时归档，内容是否齐全真实	各类档案资料	审阅、核对	查看森林资源档案资料	国家、地方有关法律法规和政策；森林资源档案管理办法	
4—森林资源保护利用	4－1 保护利用管理制度	是否建立健全、是否执行	各类相关业务资料	审阅、分析	查看森林保护利用管理制度	国家、地方有关法律法规和政策	
	4－2 重大决策情况	决策内容、程序是否合法合规，决策效果是否真实、决策资料是否完整	会议记录、通知文件、访谈记录	审阅、询问、分析	检查重大决策全流程文件资料，并辅以职工、群众访谈	国家、地方有关法律法规和政策；单位章程	
	4－3 资金管理使用	是否合法合规，使用效益如何	财务资料、经济活动资料	审阅、函证、复算、核对、分析	以财政财务审计操作	各级各类林业财政资金、专项补助基金管理办法	
	4－4 林业生态工程建设	项目立项、资金管理、检查验收任	建设项目全过程资料和档案	审阅、比较、分析	以项目审计操作	林业生态工程建设相关的法律法规、通知文件、工作计划	
5—森林生态系统服务功能	5－1 森林生态系统服务功能价值估算	功能价值增减变化	调查资料、森林生态系统服务功能服务价值资料	鉴定、复算、比较、分析	以森林资源建档数据为基础，结合实际调查估算森林生态系统服务功能价值	当地国民经济发展及森林可持续经营目标	

4.4　森林经营管理审计的操作指引

4.4.1　审计性质

　　森林经理期审计是面向森林经营管理单位及组织、围绕森林经营方案开展的一类审计活动，具有典型周期性；森林资源离任审计是针对林政领导干部并以评价任期履责为中心工作的审计活动，具有法定性。森林经理期审计和森林资源离任审计的审计方向和工作组织极为明确，是目前森林资源审计领域中较为具备系统性和制度化特征的审计分类。

　　除上述两类外，其他森林资源审计活动皆可归入森林经营管理审计。森林经营管理审计相对灵活多元，在明确的审计目标控制下，可以就某一指定时期、某一特定对象或某一类的森林经营管理活动进行审计监督、鉴证和评价。例如，涉林的年度经济责任审计、任中审计等就属于某一指定时期的森林经营管理审计；森林贷款经营项目审计、林业生态建设项目审计、林业专项资（基）金审计、林业财政支出绩效审计等则可归为某一特定对象的森林经营管理审计；而森林培育更新审计、森林生产采伐审计、森林管护审计、林政管理审计、非木质经营审计等均是专门针对某一类或某一环节的森林经营管理活动而进行的森林经营管理审计。因此，多元性就成为森林经营管理审计的典型特征属性，在审计目标、审计对象、审计内容等审计要素上能有所体现。

4.4.2　审计目标

　　森林经营管理审计虽然类型多元，但是它们的总体价值取向是一致的。森林经营管理审计的开展，旨在促进被审计单位或对象始终坚持生态效益、经济效益和社会效益统筹兼顾原则，培育健康、稳定、高效的森林生态系统，提高森林经营者的经济效益，改善林区经济社会状况，促进人与自然和谐发展，实现林业可持续发展。

但是，不同项目的森林经营管理审计，其审计目标有所差异。例如，森林贷款经营项目审计侧重监督和评价项目执行单位的年度财务收支的真实性、合法性及项目进展与效益；林业专项资（基）金审计的目标则是监督审查被审计单位管理和使用某类专项资（基）金是否合规合法、真实有效；而森林生产采伐审计是针对被审计单位的采伐规划设计、采伐审批、伐区作业、木材运输等生产环节与活动进行合规性、效率性和环保性审查与评价。

4.4.3 审计对象

理论上来说，凡是进行森林资源培育、管理和销售等经营活动的企事业单位、组织或个体，都有可能是森林经营管理审计的审计对象。但是，不同项目的森林经营管理审计，其审计范围同样有所差异。例如，森林贷款经营项目审计的审计范围，应当是与该贷款有关的森林经营项目活动及其资料与资金；一般情况下，专项资金专款专用，所以林业专项资（基）金的审计范围，是该专项资（基）金所投入的专项建设活动及其资料与资金；显然，被审计单位的全过程森林采伐活动及其资料才是森林生产采伐审计的审计范围。

4.4.4 审计内容

综上所述，虽然森林经营管理审计的分型众多，但是可以根据审计对象（范围）的差异，大体上分为项目审计、涉林资金审计、经营活动审计等，包括但不限于如图4-2所示的类别。要注意的是，各审计分类并非有绝对边界，一般来说项目审计同时包含资金审计，反之财政财务审计也往往包含项目审计的内容，而它们又与经营活动审计紧密联系。不同审计分类，其审计内容还是有所差异的，具体来说包括以下几个方面。

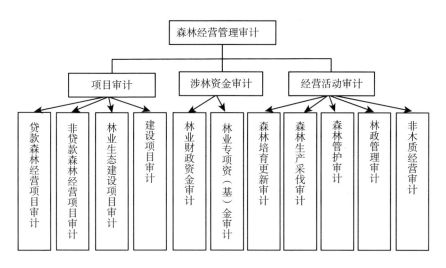

图 4 - 2　森林经营管理审计的分类

1. 项目审计

审计内容主要包括：审查项目申报的真实性、科学性、可行性等；重点审查项目的实施进展，项目资金的到位、使用及报账情况；监督和评价项目执行单位年度项目财务收支的真实性、合法性及项目效益；审查是否按照"四制管理"的要求实施；查找项目执行中存在的问题，揭示内部控制中存在的重大缺陷，审查项目资金使用是否存在错漏和错报；审查是否按计划时间完成项目并进行了竣工决算验收；审查评价项目质量或成效。

2. 涉林资金审计

审计内容主要包括：审查涉林资金来源是否合规合法、到位时间及到位率等情况；审查资金使用和管理情况的真实性、合法性；审查资金使用的经济合理性，并对涉林资金的使用和管理作出客观评价；对于涉及项目建设的资金，根据批复文件和可行性研究报告确定开支是否在范围内，账务处理是否正确、流程是否合规等；对于各类林业专项资（基）金，还应审查其各项内控是否建立健全、是否专款专用、是否按政策规定执行；审查评价是否达到预期经济社会效益。

3. 经营活动审计

经营活动审计是以审核、分析、评价被审计单位的森林经营活动及利用生产力各要素的有效性、充分性，以进一步合理开发林业生产力，挖掘提高经济效益途径的经济监督、评价活动。主要是对培育更新、生产采伐、保护利用、管护监测、林下及非木质经营等森林经营活动的审查。总体来说，其审计内容主要包括：审查被审计单位各项经营活动所秉持的观念是否端正，是否符合新时代林业可持续发展观；审查被审计单位各项经营活动的规划或设计是否恰当；审查被审计单位各项经营活动的作业是否科学和环保；审查被审计单位各项经营活动的成果、成效或业绩是否真实；审查被审计单位各项经营活动的资金投入与产出；审查被审计单位各项经营活动的档案资料是否及时归档和完整真实。

4.4.5 审计指引

各子类森林经营管理审计的审计范围和内容相对单一明确，且一般情况下其审计工作量相较于其他审计类型而言更为轻少。当前，森林经理期审计和森林资源离任审计已经足以构成森林资源审计的主体内容，且现阶段基本满足了森林资源监督管理对森林资源审计的业务需求。因此，目前森林经营管理审计单独实施的业务需求比较低；森林经营管理审计适合以专题专项审计的形式来开展，或者以"1+N"审计组织形式融入其他审计类型工作中。但是，随着我国森林资源经营管理水平的提高、林业可持续发展的推动以及森林资源审计的成熟完善，森林经营管理审计的内生需求将不断增加，届时森林经营管理审计必将发挥其天然的优势和作用。不同子类型的森林经营管理审计，其审计对象和审计内容差异甚大，表4-4列示了常见子类型的森林经营管理审计的审计操作指引。

表 4－4　森林经营管理审计的审计操作指引

审计类型	子类	审计具体内容	审计证据	审计方法	审计技术	审计依据
1－项目审计	1－1 贷款森林经营项目审计; 1－2 非贷款森林经营项目审计; 1－3 林业生态建设项目审计	项目申报是否真实,有无虚假限多头重复,或随意盲目申报	项目申报书、项目库数据	审阅、核对、分析	分析项目申报书并与项目库数据比对	国际组织、境外国家或地区,以及我国国家和地方有关的法律法规与政策
		项目资金来源、性质及到位情况	相关财务资料	审阅、函证、询问	查验和函证银行账户存款;对境外放贷单位或组织应进行资质和性质审查	放贷单位有关规定;国家、地方的涉林资金管理规定
		项目资金的使用、管理,报账及预算决算情况	项目概算、竣工决算以及相关财务资料	审阅、询问、复算、分析	查验相关财务资料;对于大型项目可采取抽查,但抽查面不宜低于 60%;同时参考涉林资金审计指引	放贷单位有关规定;国家、地方的涉林资金管理规定
		项目"四制管理"等内控是否建立健全和得到切实执行	项目建设和执行过程文件、合同、单据及其他资料	审阅、分析	综合分析项目建设和执行的过程材料痕迹	国际组织、境外国家或地区,以及我国国家和地方有关的法律法规与政策
		项目计划批复执行有无擅自改变或调整项目内容的问题	项目批复文件、项目更改申请材料、实地调查资料	审阅、观察、核对	以批复文件为基础进行项目实地核实	放贷单位有关规定;项目申报书
		项目完成或者进度情况,有无弄虚作假骗取验收合格	项目中期或阶段性检查报告、项目完成报告、实地调查资料	审阅、观察、核对	以检查报告或完成报告为基础,进行项目实地调查核实	放贷单位有关规定;项目申报书
		项目质量或成效	项目完成报告、实地调查资料、项目汇报资料	询问、座谈、观察、核对、分析	听取项目汇报并实地调查核实	国家和地方有关的法律法规与政策;项目申报书

续表

审计类型	子类	审计具体内容	审计证据	审计方法	审计技术	审计依据
2-涉林资金审计	2-1 林业财政资金审计	到位情况，实额是否和会计记录相一致	相关财务资料	审阅、函证、核对	查验财务资料和财政资金账户	预算法等相关财政资金管理法规
		预算编制是否规范和细化，财政预算管理是否到位	预算编制	审阅、复算、分析	根据被审计单位历年财政收支情况加以研判	预算法等相关财政资金管理法规
		来往资金收支手续是否完备，是否按政策规定合理管理和使用	相关财务资料	审阅、核对、比较、分析	查验账目，编制收支明细表，汇总有疑问的支出内容	国家、地方的财政资金管理规定
		资金的分配安排是否合理，是否向重点或紧缺项目及领域倾斜	支出项目汇总表	审阅、核对、比较、分析	分支出项目，汇总有疑问的支出内容	当地国民经济发展及森林可持续经营目标；其他规划和计划
		财政存量资金统筹盘活情况	相关财务资料	审阅、复算、分析	查验账目	财政结余结转资金、做好盘活财政存量资金工作的通知
		资金使用的经济合理性	工作报告、项目资料、财务资料	座谈、询问、调查、分析	听取工作汇报，与相关人员座谈或访问，结合实地调查核实情况	财政绩效管理的有关规定
	2-2 林业专项资(基)金审计	到位情况，以及有无地方应筹集、应配套资金	专项账户	审阅、函证、核对	查验专项资(基)金账户	专项资(基)金管理办法

续表

审计类型	子类	审计具体内容	审计证据	审计方法	审计技术	审计依据
2－涉林资金审计	2－2 林业专项资（基）金审计	是否按规定及时拨付到项目单位或应用款项	分配拨付相关的单据、文件、财务资料	审阅、核对、询问、调查	以查验账目为基础进行实地调查核实	专项资（基）金管理办法；年度预算；用款计划；项目进度
		是否按批准的项目或规定用途使用专项资（基）金	项目资料、合同协议、相关财务资料	审阅、核对	以查验账目为基础进行实地调查核实	专项资（基）金管理办法
		是否专款专用，有无违反规定擅自转为有偿使用、扩大使用范围	相关财务资料	审阅、核对、分析	对比银行存款明细，逐笔核实账面	专项资（基）金管理办法；年度预算；用款计划；项目进度
		使用过程是否体现节约、合理原则	项目资料、投入产出数据、相关财务资料	审阅、分析性复核	对重要比率或趋势进行分析	专项资（基）金管理办法
		专项资（基）金管理工作内控及管理机制是否建立健全	内部规章制度	审阅	审查文件制度并穿行测试	国家、地方有关法律法规和政策；专项资金管理办法
		资金使用是否达到预期经济社会效益	工作报告、访谈记录、项目报告	观察、询问、分析	综合工作汇报、座谈访问、实地调查等分析资金使用成效	国家、地方有关法律法规和政策；专项资金管理办法
3－经营活动审计	3－1 森林培育更新审计	作业设计是否恰当合理、理念端正	作业设计文件	调查、核对	在抽取小班内设置样方（或样行），进行调查核实	国家、地方有关法律法规和政策；上级造林总设计；造林技术规程
		造林小班面积是否完成	作业设计图、现场调查资料	调查、复算、核对	结合3S技术，依图对照进行现场检查	造林任务或计划

续表

审计类型	子类	审计具体内容	审计证据	审计方法	审计技术	审计依据
3-经营活动审计	3-1 森林培育更新审计	种苗质量是否合格	抽样植株及其调查数据	调查、计算	在样方中抽取样本检查苗高、地径	造林技术规程；种苗质量标准
		栽植密度是否合格	抽样小班及其调查数据	调查、计算	在抽取小班内设置样方（或样行），进行调查核实	上级造林总设计；造林技术规程
		树种配置是否合理，是否适地适树	抽样小班及其调查数据	观察、分析	踏查小班目测树种配置	造林设计；造林技术规程
		是否采取必要的生态环境保护措施	小班实地调查情况	观察、询问	以小班为单位，对照检查原生植被保留情况、沿等高线整地情况、栽植穴分布型	国家、地方有关法律法规和政策；造林技术规程
		造林成活率（保存率）是否合格	小班实地调查情况	调查、计算	在抽取小班内设置样方逐株检查，记录成活株树	国家、地方技术规程
		幼树病虫害受灾情况	小班实地调查情况	调查、计算	在抽取小班内设置样圆逐株检查病虫害受灾株树	国家、地方技术规程
		幼林抚育情况	小班实地调查情况	观察	抽取小班幼树和幼树损失情萌、除杂草随检随记	造林设计；造林技术规程
		费用支出是否真实合规，且与营林更新规模、强度和风险相适应	营林更新项目决算资料、财务资料	审阅、核对、复算、分析	以营林更新数据资料为基础，结合行业经验数据复算对比；查验账目	国家、地方有关法律法规和政策；造林设计

续表

审计类型	子类	审计具体内容	审计证据	审计方法	审计技术	审计依据
3-经营活动审计	3-1 森林培育更新审计	有无结合监测和评估结果、利益相关方的参与或更新的科技信息，同时适应环境、社会和经济状况的变化，定期对培育更新活动规划及程序文件进行更新和修订	各年度作业设计文件	审阅、比较、分析	对连续（或若干）年度作业设计文件进行比较分析	国家、地方有关法律法规和政策；内部制度
		培育更新档案资料是否及时归档，且完整真实	档案资料、抽阅记录	审阅、询问	分年度、批次、小班抽查，调阅营林更新资料	国家、地方有关法律法规和政策；内部制度
	3-2 森林生产采伐审计	伐区调查设计质量是否合格、标志界限是否清楚齐全、准确合规，林分因子调查是否合规	伐区调查设计的内外业资料	审阅、调查、核对	审查作业设计资料、伐区现场核对	森林采伐作业规程
		伐区生产准备作业是否到位	现场调查资料	审阅、调查、核对	检查伐区的运材岔线、集材主道、山上楞场、车库等工程和设备安装工程的生产准备情况	伐区工艺设计要求
		伐区作业是否合规、是否环保	现场调查资料	调查、观察、分析	检查伐区伐木、打枝、造材、集材、归楞、装车等作业活动	森林采伐作业规程；伐区作业设计

续表

审计类型	子类	审计具体内容	审计证据	审计方法	审计技术	审计依据
3－经营活动审计	3－2 森林生产采伐审计	是否进行采伐迹地清理，且经济、环保	现场调查资料	观察、询问	现场踏查采伐迹地核实情况	森林采伐作业规程；伐区作业设计
		是否按规定及时开展伐区验收	伐区验收文件	审阅、核对	以采伐小班一览表为基础，与验收文件核对	国家、地方法律法规和政策；森林采伐作业规程
		费用支出是否真实合规，且与生产采伐规模、强度和风险相适应	生产采伐项目决算资料、财务资料	审阅、核对、复算、分析	以采伐资源数据为基础，结合行业经验数据复算对比；查验账目	国家、地方法律法规和政策；伐区作业设计
		生产采伐档案资料是否及时归档，且完整真实	档案资料、抽阅记录	审阅、询问	分年度、批次、小班查调阅生产采伐资料	国家、地方法律法规和政策；内部制度
		有无结合监测和评估结果、利益相关方的参与或最新的科技信息，并且适应环境、社会和经济状况的变化，定期对生产采伐活动规划及规程对采伐文件进行更新和修订	各年度采伐作业设计文件	审阅、比较、分析	对连续（或若干）年度作业设计文件进行比较分析	国家、地方法律法规和政策；内部制度
	3－3 森林管护审计	是否制订完善的森林管护工作方案并得到切实执行	森林管护工作方案	审阅	检查森林管护工作有关方案、文件	国家、地方有关法律法规和政策；内部制度

续表

审计类型	子类	审计具体内容	审计证据	审计方法	审计技术	审计依据
3－经营活动审计	3－3 森林管护审计	是否加强和组织森林管护队伍结构建设，明确责任义务	工作报告、调查记录	审阅、询问、座谈	听取工作汇报，与相关人员座谈或访问	森林管护工作方案
		是否加大有关森林业法律、法规、林业方针政策宣传力度，动员全社会力量关心森林生态的保护和建设	工作报告、新闻报道	审阅	审查宣传工作资料，结合新闻舆论报道核实	国家、地方有关法律法规和政策
		是否建立健全护林防火和森林病虫害的预测预报制度及监测体系	规章制度文件；实地调查资料	审阅、观察	实地检查监测站（所）等	国家、地方有关法律法规和政策
		是否将珍稀濒危植物、野生动物保护纳入森林管护重要内容	规章制度文件；护林员日志	审阅	检查护林员日志、野生动植物监测等森林管护资料	国家、地方有关法律法规和政策；森林管护工作方案
		宣传牌以及责任区标牌等管护设施是否进行完善并进行定期维护	相关修缮的合同、文件、单据等资料	审阅、观察	基于管护设施清单进行实地检查	国家、地方法律法规和政策；森林管护工作方案
		火灾起数、过火面积	森林防火台账；实地抽查资料	审阅、观察	卫片检查结合火灾实地抽查	森林防火管理办法

续表

审计类型	子类	审计具体内容	审计证据	审计方法	审计技术	审计依据
		无公害防治率、测报准确率、种苗产地检疫率	防治检疫清单或台账；实地抽查资料	观察、分析	实地抽查	林业有害生物防治检疫管理规定
		管护合同履行情况、管护责任落实情况	管护合同或协议；管护制度	审阅、询问	以管护制度和合同条款为依据，走访管护人员	生态公益林、禁限伐管护等管护规定
		费用支出是否真实合规，且与管护规模、强度和风险相适应	森林管护财务资料	审阅、核对、复算、分析	以建档资源数据为基础，结合行业经验复算数据对比；查验账目	国家、地方有关法律法规和政策；森林管护规定
	3-3 森林管护审计	森林管护档案资料是否及时归档，且完整真实	档案资料、抽阅记录	审阅、询问	分年度、管护内容抽查调阅管护巡护资料	国家、地方有关法律法规和政策；内部制度
		有无结合监测和评估结果、利益相关方的参与或最新相关信息，并且适应环境、社会和经济状况的变化，定期对森林管护规划及程序文件进行更新和修订	森林管护工作方案修订对比及记录痕迹	审阅、比较、分析	对各个修订版的森林管护工作方案进行比较分析	国家、地方有关法律法规和政策；内部制度
3-经营活动审计	3-4 林政管理审计	有无针对集中地开展加强森林资源保护、各项执法工作教育和宣传	会议记录、学习资料、新闻报道	审阅	检查教育文宣资料并检索新闻媒介报道核实情况	国家、地方有关法律法规和政策

续表

审计类型	子类	审计具体内容	审计证据	审计方法	审计技术	审计依据
		是否采取有力措施出对森林资源的监管	规章制度、工作计划、业务资料、调查资料	审阅、询问、观察	听取工作汇报了解措施方法并实地调查核实情况	林政管理工作实施方案
		能否积极配合有关部门进行林政检查，开展专项打击行动	林政检查报告、处理处罚文件等资料	审阅、询问	听取工作汇报并与有关部门或人员访谈核实情况	国家、地方有关法律法规和政策；林政管理工作实施方案
		是否加大推进信息化和技术装备建设	监控系统、技术装备、办公设备等	观察、盘点、鉴定	检查木材检查站电子监控系统建设、检查和盘点调查取证和办公自动化设备	国家、地方有关法律法规和政策；林政管理工作实施方案
	3-4 林政管理审计	是否加强目标管理和绩效考评，构建覆盖全局的林政管理网络	规章制度	审阅	检查相关文件规定	国家、地方有关法律法规和政策；林政管理工作实施方案
		是否及时对木材检查站等基础设施进行改善提升基础设施按需修缮	修缮或建设的工程与财务资料、实地踏勘资料	审阅、观察	依据基础设施清单进行实地踏勘，核实情况	国家、地方有关法律法规和政策
		是否向林业执法人员及其他工作人员配备相应的工作设备，并定期进行干部轮训、警示教育、资质培训等	培训文件资料或记录、设施设备	审阅、询问	检查培训记录，与相关人员访谈，并实地勘察核实设施设备配置情况	国家、地方有关法律法规和政策；林政管理工作实施方案
3-经营活动审计		费用支出是否真实合规，且与资源林政管理规模、强度和风险相适应	相关财务资料	审阅、核对、复算、分析	以建档资源数据为基础，结合行业经验复算数据复核对比；查实验账目	国家、地方有关法律法规和政策

续表

审计类型	子类	审计具体内容	审计证据	审计方法	审计技术	审计依据
	3-4 林政管理审计	有无结合监测和评估结果，利益相关方的参与，并且适应环境、社会和经济状况的变化，定期对林政管理规划及程序文件进行更新和修订	资源林政管理工作方案	审阅、比较、分析	对各个修订版的林政资源管理工作方案进行比较分析	国家、地方有关法律法规和政策；内部制度
		资源林政管理档案资料是否及时归档，且完整真实	档案资料，抽阅记录	审阅、询问	抽查调阅各年度林政管理资料	国家、地方有关法律法规和政策；内部制度
3-经营活动审计	3-5 非木质经营审计	非木质经营总体产值、分类、分布、增减等情况	年度统计、工作报告	审阅	听取工作汇报并审阅相关资料核实情况	森林经营方案；其他林业规划
		是否根据现有资源和生态系统服务的状况，判定、生产或实现多元化的收益和产品	经营项目可行性（或论证）方案	审阅、分析	以现有资源本底为基础，分析非木质经营项目	国家、地方有关法律法规和政策；森林经营方案；产业规划
		是否以实现永续利用的强度或更低强度开展经营活动以及获取林产品和服务	经营项目报告或检查资料、实地调查情况	审阅、调查、分析	实地调查非木质经营活动，并加以分析核实	国家、地方有关法律法规和政策；森林经营方案；产业规划
		是否建立健全非木质经营活动评估及监测体系	规章制度、评估资料、监测资料	审阅、分析	检查非木质经营活动的统计、监测等文件资料	森林经营方案；其他林业规划

续表

审计类型	子类	审计具体内容	审计证据	审计方法	审计技术	审计依据
3—经营活动审计		是否建立健全非木质经营与社区关系协调机制，包括就业机会或福利、解决利益冲突等	劳动合同、工资明细、协商协议、争议处理文件	审阅、询问	与相关社区及居民访谈核实情况	森林经营方案；其他林业产业规划
		费用支出是否真实合规，且与非木质经营规模、强度和风险相适应	相关财务资料	审阅、核对、复算、分析	以非木质经营数据为基础，结合行业经验复算对比；查验账目	国家、地方有关法律法规和政策；森林经营方案；其他林业产业规划
	3—5 非木质经营审计	非木质经营档案资料是否及时归档、且完整真实	档案资料、抽阅记录	审阅、询问	抽查调阅各年度非木质经营资料	国家、地方有关法律法规和政策；内部制度
		有无结合监测和评估结果、利益相关方的参与或最新的科技信息，并且适应环境、社会和经济状况的变化，定期对非木质经营规划及程序文件进行更新和修订	非木质经营规划方案、森林经营方案	审阅、比较、分析	检查修订记录痕迹	国家、地方有关法律法规和政策；内部制度

4.5 本章小结

　　森林资源审计的工作流程可以大概分为审计准备、审计实施、审计报告、审计档案归集与整理四个阶段。不同类型的森林资源审计，其审计工作流程总体一致，可根据实务工作需要和被审计单位情况进行调适，但原则上不允许擅自缩减审计程序。

　　森林资源审计实务尚处于不断发展完善之中，并未形成统一公认的审计程序和要点，且尚有诸多审计实务事项有待进一步研究和探索。本章在明确审计性质、审计目标、审计对象和审计内容的基础上，对森林经理期审计、森林资源离任审计、森林经营管理审计的实务操作技巧和要点进行详细阐述，以期能对森林资源审计工作的开展提供方向和指引，进一步促进森林资源审计理论体系的完善。

第5章

林业财政支出绩效审计

众所周知,财政财务审计始终贯穿于各类审计活动之中,且财政财务审计已经由侧重合法性、合规性审计向经济性、效率性及效果性审计转变。所以,财政支出绩效审计越来越得到重视和发展。与此相一致,林业财政支出绩效审计势必成为森林资源审计极其重要的组成部分,也必然在各类型的森林资源审计活动中发挥作用。党和国家正在大力推进生态文明建设,新时代背景下也必然对林业财政支出绩效审计提出新要求和新使命。本章以生态文明建设为视角,就开展林业财政支出绩效审计的若干基础性问题进行分析论证,为我国林业财政审计水平和内涵的提升,以及生态文明高质量建设提供理论支持。

5.1 林业财政支出绩效审计的必要性与迫切性

5.1.1 丰富林业财政资金审计内涵

2016 年,国家选择生态基础较好、资源环境承载能力较强的福建、贵州和江西作为第一批国家生态文明试验区;2018 年,在庆祝海南建省办经济特区 30 周年大会上,习近平总书记宣布:"党中央决定,支持海南建设国家生态文明试验区。"① 建设国家生态文明试验区是推进生态文明建设的

---

① 《习近平出席庆祝海南建省办经济特区 30 周年大会并发表重要讲话》,新华社,2018 年 4 月 13 日。

重大举措之一，具有划时代意义。在生态文明创建工作中，森林生态文明是极其重要的组成部分，社会公众对林业生态环境建设的关注度越发提高。

开展财政支出绩效审计时要融合传统的财政资金审计模式，建立符合我国国情的绩效审计体系（王术华，2014），林业财政支出绩效审计也需如此。但现有相关研究多数定位在"绩效评价"或"绩效管理"层面（张玲玲，2012）；或仅局限于定性绩效审计评价研究而忽视定量研究和实证研究（王晓丽等，2013）。林业财政资金作为党和政府安排用于林业事业建设的经费，是一项非常重要的公共财政支出，其使用规模也在不断扩大。在新的时代背景和战略形势下，林业公共财政资金的使用绩效正逐渐被重视。做好林业财政支出绩效审计监督和评价将对林业资金的管理与使用起到积极的促进作用。

与此同时，随着国家生态文明试验区建设的启动和入轨，将会有更多的公共财政资金向生态建设领域倾斜。福建、江西、贵州和海南具有天然的林业资源优势和累积的产业竞争力，奠定了其林业在生态文明创建工作中的重要地位。国家生态文明试验区若要达到高效率和优质性的建设水准，必须认识到林业事业是主要的影响因素之一。林业事业的一切建设与发展，不仅要求合法规范，还应注意经济性、效率性和效果性。在国家生态文明试验区建设的战略框架下，开展林业财政支出绩效审计，通过有效地实现路径，促使其充分发挥潜在的职能和作用机制，进而利用林业财政支出绩效审计与其他领域的公共财政资金绩效审计，共同为生态文明试验区建设保驾护航。

5.1.2 提高林业财政资金使用效益以助推生态建设

我国地方各级财政资金存量较大的问题始终存在。公共财政预算、政府性基金预算、省级专项支出专户、非税专户等均存在不同程度的结余结转。持续年度的大额资金结余结转，会严重影响和损害财政资金的使用效益。以福建省为例，2013～2015年省本级预算执行和其他财政收支情况审计结果公告显示，福建省级财政资金存量较大的问题始终存在（见表5-1和表5-2）。例如，2013年新开征的森林资源补偿费，年末结转3.69亿元。此外，专项资金在市县财政或主管部门层层滞留。再如，林业类专项资金（含基金）2013年共下达22.50亿元，占当年项目经费预算的80.32%。延伸 7 个县（市、区）林业局，预算安排 3.82 亿元，滞留资金 2.26 亿元，占下达预算的 59.16%，有的专项资金分文未动、有的仅少量使用。

表 5-1		2013~2015 年福建省级公共财政预算审计结果		单位：亿元
年度	省级公共财政收入	收入总计	省级公共财政支出	支出总计	年终结余
2013	200.86	1511.38	421.38	1328.08	183.3
2014	245.06	1703.39	466.68	1498.72	204.67
2015	285.52	2362.52	553.35	2293.28	69.24

资料来源：福建省审计厅官网。

表 5-2		2013~2015 年福建省级政府性基金审计结果		单位：亿元
年度	收入	支出	年终结余	备注
2013	169.04	126.43	42.61	不含社保基金
2014	180.07	122.46	57.61	不含社保基金
2015	862.34	854.38	7.96	
	435.66	286.45	149.21	省级社保基金

资料来源：福建省审计厅官网。

在国家生态文明试验区建设的新形势下，各级政府公共财政投入无疑将向包括林业在内的生态建设领域倾斜。而庞大的财政资金投入在制度管理、使用效益上亟须更有力的监督评价。这既是国家生态文明试验区建设的战略目标之一，也是推动生态文明建设透明、高效和健康的必备手段。因此，在全面启动国家生态文明试验区及深化生态文明建设之际，建议省级财政部门形成合力，积极推进财政绩效评价工作，特别是执行林业财政支出的绩效审计评价，将支出进度和使用绩效作为重要指标纳入评价指标体系，盘活存量林业财政资金，切实提高公共财政资金的使用绩效。

5.1.3　多元化林业资金投入评价以保障生态建设

2016 年 11 月 28 日，国家发展和改革委员会、国家林业局共同印发了《关于运用政府和社会资本合作模式推进林业建设的指导意见》（以下简称《意见》），鼓励运用政府和社会资本合作（public-private partnerships，PPP）模式推进林业建设（张奕，2018）。《意见》提出实施 PPP 项目的重点领域有五个，分别是林业重大生态工程、国家储备林建设、林区基础设施建设、林业保护设施建设和野生动植物保护及利用。目前，福建、江西、贵州和海南已经明确提出，各级财政将分别围绕《国家生态文明试验区（福建）实施方案》《国家生态文明试验区（江西）实施方案》《国家生态文明试验区（贵州）实施方案》《国家生态文明试验区（海南）实施方案》所确立的定位目标和试点任务，进一步加大资金筹措力度，为生态文明试验区建设提供坚强的财力保障；紧紧围绕发挥生态建设市场作用，积极探索生态文明建设的多元化生态资金筹措与投入机制；推进政府和社会资本合作模式，通过加强生态建设项目策划、项目评估、设立 PPP 基金等，吸引民间资本参与生态建设。

根据《全国 PPP 综合信息平台管理库项目 2019 年报》，2019 年净入库项目投资额指标中，生态建设和环境保护 908 亿元、林业 718 亿元，分列第四位、第五位。根据全国 PPP 项目信息监测服务平台数据，2020 年 1～6 月各地新增 PPP 项目 373 个，农林水利、社会事业、交通运输、环保等行业新增项目数较多。从月报数据来看，依据 2020 年 1 月报、2 月报，在库项目投资额月度净增量以及年度累计净增量指标中，林业均未进入前五位；但是，2020 年 3 月报显示，在库项目投资额 3 月末比 2 月末净增量排名第四位的是林业，为 223 亿元；紧接着，2020 年 4 月报显示，在库项目投资额 4 月末比 3 月末净增量排名第四位的是林业，为 41 亿元，本年度以来在库项目投资额净增量排名第四位的是林业，为 127 亿元；2020 年 5 月报则显示，在库项目投资额 5 月末比 4 月末净增量排名第三位的是林业，为 223 亿元，本年度以来在库项目投资额净增量排名第三位的是林业，为 350 亿元。上述数据充分显示出，从全国层面来看，政府和社会资本合作投入共建林业事业的总额规模和增量正在持续加大。

时间长度、机制设计、投资风险、预期回报、权益保障等因素是社会资本投资林业领域的主要考量方面。PPP 模式特点和林业属性共同决定了政府和社会资本合作项目建设的长周期性，它是一个长期合作关系。在这个过程中，不可避免地容易因利益和风险问题，导致矛盾纠纷的发生。这里面要着重解决的问题便是权益保障和投资效益。预防和解决这些矛盾的有力方法之一，就是在项目建设过程当中引入审计监督，对项目进行有效的全面跟踪，能在建设项目中履行好各自的职责，保证相关各方的权益，确保公共利益最大化和项目顺利实施。显然，林业财政支出绩效审计将对此发挥重要作用。因此，多元化的林业资金筹措和投入机制为生态文明建设提供了坚强的财力保障，而林业财政支出绩效审计则是这种保障的"保障"。

5.2　林业财政支出绩效审计的职能定位

生态文明建设的重点任务之一即开展绿色发展绩效评价考核，要求探索并逐步完善领导干部自然资源资产离任审计制度。福建、江西等省份作为南方集体林区重点省份，森林资源禀赋突出，林业产业竞争力优势明显，涉林审计是其自然资源资产离任审计体系的重中之重。而从长远来看，自然资源资产离任审计不能仅停留在对党政领导干部自然资源资产管理和生态环境保护的履责情况进行鉴证，而须将其发展提升到绩效审计层面。因此，林业财政支出绩效审计可以在生态文明建设中发挥重要的职能。

5.2.1　生态文明建设的监督工具

国家生态文明试验区的确立实施，意味着将有更多的财政资金用于生态建设，林业财政支出也将有数量上的明显提升。同时，林业财政制度及其使用管理的政策复杂且有行业领域特色，林业财政资金使用涉及各级林业厅部门、国有林场、林业企业、农村集体、林农个人等。生态文明试验区建设过程中，林业财政资金支出数额的增加、惠及面的拓宽，要求必须具有更为高效全面的监督手段，方能避免公共财政资金的流失和暗箱操作。林业财政支出的使用、管理和监督将迎来新的形势和挑战。林业财政支出绩效审计将继续发挥并提升林业财政传统审计的监督职能。

5.2.2　生态文明建设的评价手段

在生态文明建设过程中，传统上的林业财政合规性审计已经无法适应生态建设"新常态"，它满足不了生态文明建设工作对"绿色发展绩效评价考核"的任务诉求。而林业财政支出绩效审计基于合规性审计，则更侧重对森林培育、经营、管理与保护过程的财政支出的经济性、效率性和效果性开展审计评价。林业财政支出绩效审计将在生态文明建设的人事、财权方面发挥绩效评价的职能。

5.2.3 生态文明建设的鉴证辅助

各级审计机关受组织部门委托开展领导干部自然资源资产离任审计工作，应当加强审计结果的后续运用，使审计评价结果确实可作为领导干部考核、任免、奖惩的重要依据。国家生态文明试验区建设具有持续性、常态性和多维性的特征。在这一过程中，同时涉及党组职责与行政职责、集体职责与个人职责、领导职责与基层职责。生态文明试验区建设的问效追责显然是比较复杂的。林业财政支出绩效审计有助于对被审计领导干部在森林资源领域的履责情况进行审计鉴证和责任界定，明确追责情形和认定程序，依法准确界定被审计领导干部对审计发现问题应承担的责任和范围。林业财政支出绩效审计能在生态文明试验区建设的效责方面发挥鉴证和界定的职能。

5.2.4 生态文明建设的"免疫细胞"

审计监督在实现生态文明领域国家治理体系和治理能力现代化过程中具有"免疫系统"功能。林业系统是生态文明建设的主要子参与系统，绩效审计是审计类型的细分。林业财政支出绩效审计是审计"免疫系统"功能中的组成部分。因此，可以将林业财政支出绩效审计认为是国家生态文明试验区建设的一类"免疫细胞"。林业财政支出绩效审计通过对过去、现时以及将来的事项进行分析、评价和预测，促进森林资源领域管理水平的提高及相关政策的完善，推进国家生态文明试验区建设的安全、有效和高效。

5.3 林业财政支出绩效审计的作用机制

国家生态文明试验区建设是多层级、多部门、多领域和多学科的协同性战略，环节和任务甚多，为保障该战略建设能够持续、安全、高效推进，各类审计"免疫细胞"都应当充分发挥在各自领域的"免疫"作用，共同形成生态文明试验区建设和发展的"免疫系统"。林业财政支出绩效审计在生态文明建设中的作用机制，根据其来源属性可以划分为非特异性作用机制和特异性作用机制两大类。

5.3.1 非特异性作用机制

非特异性作用机制是传统审计在形成和发展过程中形成的一系列普遍性效用机制的集合，也可称之为审计的固有作用机制或天然性作用机制。非特异性作用机制是每一审计细分类型都普遍具有的。它相对比较稳定，不因审计问题、审计事项、审计性质及审计目的等的变化而变化。但它也不是固定不变的，随着审计范畴日益拓宽和审计认知转变，非特异性作用机制也有可能发生集合边界与内容的变化。结合生态文明建设，主要包括了揭露机制、震慑机制、抵御机制等。

5.3.2 特异性作用机制

林业财政支出绩效审计的特异性作用机制，是指在生态文明建设、保护和提升的持续性过程中，经审计鉴证评价存在不满足"3E"或"5E"特性的事项或建设项目时，林业财政支出绩效审计工作进一步实施并发挥的程序机制。主要包括问效追责机制、预警机制、整改跟踪机制和复审机制等。

5.4 林业财政支出绩效审计的建议与策略

5.4.1 实行差别化审计

沿海与内陆的省（区、市）或者城市在生态区位性质和地位上存在较大差异，在产业结构布局和社会经济发展水平上也是明显分化的；即便从省域内视角来审视，其各市、县、镇（乡）内的森林资源分布、林业投入与产出、林业产值等林情都是彼此差异的。生态文明建设既不提倡以牺牲生态环境为代价换取经济社会发展，也不鼓励为了生态文明建设而片面放弃经济建设的人类需求。生态文明建设，是追求和谐互促的，强调可持续发展的。

因此，生态文明建设内涵上就要求林业财政支出绩效审计不应搞"一刀切"。而是应当实行差别化的绩效审计评价体系，按照发展基础、资源禀赋、功能规划、产业结构、区位优势等，对各设区市和主体功能区实行分类审计，主要是指在审计目标、审计内容、审计评价标准和审计结果运用上进行一定区分。这样，才能充分凸显审计监督的公平性和公正性，有的放矢，以调动各方持续开展生态文明建设的积极性，全面提升林业财政支出绩效审计结果的认同度。

5.4.2 定量与定性结合的审计

生态文明建设的考评指标体系既要关注生态指标的评价，又不能忽略经济、社会、文化、制度等综合指标的整体性考评。2016 年 12 月，中共中央办公厅、国务院办公厅印发《生态文明建设目标评价考核办法》，明确提出"年度评价以绿色发展指标体系为参照，主要评估各地区资源利用、环境治理、环境质量、生态保护、增长质量、绿色生活、公众满意程度等方面的变化趋势和动态进展，生成各地区绿色发展指数"①。因此，作为生态文明建设的监督和评价系统组成部分之一的林业财政支出绩效审计，宜以定量和定性评价相结合的方式进行，主要是指既要有定量指标又要有定性指标，既要有定量审计手段又要有定性评价方式，既要有定量审计结果又要有定性审计结论。唯有这样，才能对生态文明建设中的林业类财政支出进行全面有效的审计监督和评价。基于林业行业属性、财政体制特点以及绩效审计的诉求，林业财政支出绩效审计一般应采取定量审计为主、定性审计为辅的模式。

5.4.3 短期与长期兼顾的审计

生态文明建设是一项持续性战略，它不是也不可能是一蹴而就的。福建省历经十余年不遗余力地开展生态创建工作，足以说明和验证这一点。生态文明重在创建，贵在持续保护和提升。建设国家生态文明试验区是福建、江西、贵州和海南四省生态创建工作的新进程，不可停驻懈怠，否则前功尽弃。另外，由于森林资源生长具有长周期性、风险多样性、作用综合性等特殊属性，致使林业财政资金投入往往无法在短期内显现出应有的效益，特别是生态和社会方面的效益。同样，不当的林业制度政策和经营管理措施，对

---

① 《中共中央办公厅 国务院办公厅印发〈生态文明建设目标评价考核办法〉》，中华人民共和国中央人民政府网站，2016 年 12 月 22 日。

林业和其他方面的负面影响也具有滞后性，一般短则几年、长则数十年才会显现出不良后果。因此，在生态文明建设中开展林业财政支出绩效审计，必须是短期与长期兼顾的审计，主要是指既要关注可短期呈现绩效情况的审计指标，又要重视需长期积累方能呈现的审计指标；既要采用适宜短期性效益的审计技术，也要考虑适宜长期性效益的审计技术；既要考量和使用短期内的审计结果，也要参考长远性的合理审计预测。只有这样，才能正确评价林业类公共财政资金的使用效益和党政领导的履责情况。

5.5 本章小结

创建国家级生态文明试验区是福建、江西、贵州和海南四省生态文明建设的历史新高度和时代战略任务。各级政府的公共财政投入将向包括林业事业在内的生态建设领域倾斜。传统林业财政审计监督的局限性以及多元化生态资金筹措机制的确立，凸显了生态文明试验区战略框架下开展林业财政支出绩效审计的必要性与迫切性。林业财政支出绩效审计在生态文明建设中具有监督工具、评价手段、鉴证辅助、"免疫细胞"的职能，并且透过非特异性作用机制和特异性作用机制呈现出来。建议结合生态文明建设需要，开展定量与定性结合、短期与长期兼顾的差别化林业财政支出绩效审计。

第6章

森林资源审计的专业胜任

6.1 森林资源审计的胜任性问题

党的十八届三中全会提出对领导干部开展自然资源资产离任审计的要求，并且随着各省（区、市）实施生态省战略和推进生态文明建设，全国各地蓬勃开展自然资源资产离任审计试点工作。面对这样一种无章可循、无例可依的新兴审计类型，再加上自然资源的高复杂性、多专业性和强技术性，审计小组在工作过程中步履维艰。其中，森林资源审计的胜任性问题已日渐严峻。

一方面，现阶段森林资源审计主要是政府审计为主，审计活动主要是作为自然资源资产离任审计的子项目开展的。在我国，政府审计组织模式是审计独立性偏弱的行政型。自然资源资产离任审计的设置初衷是针对地方各级领导干部的，审计独立性自然面临弱化威胁和趋势。而审计独立性是开展审计工作的根本前提。另一方面，根据前期调研情况，自然资源资产离任审计试点中碰到的最大"瓶颈"即是"人"这个因素，也就是审计力量，它的薄弱体现在"量"和"质"两方面的限制性约束。审计工作人员普遍都具有财务会计或审计的专业背景，但却甚少具有自然资源、环境科学以及林业相关的知识储备，无法满足森林资源审计的知识技能需要。"人"的因素不解决，开展审计工作无从谈起。

经过前期全国各地的试点摸索，森林资源审计"审什么""谁来审""如何审"的问题已逐渐清晰。接下来应进一步探索如何进行审计质量管理和控制，以求"审到全面""审得有效""审出特色"。从审计质量控制的要求来看，首要要务应是评价和提升森林资源审计工作小组的胜任情况。组成高独立性、高质量、高素质的项目审计组，是事前质量控制的关键，是整个审计质量控制的上游重点。因此，在下一阶段的森林资源审计的有关工作中，如何抓住这个事前质量控制的关键，以强化审计队伍、提升审计质量，从而有效推广自然资源资产离任审计，避免其成为走形式的过场审计，是值得探索和研究的。

6.2　森林资源审计的胜任特征模型构建

自著名心理学家、哈佛大学教授麦克利兰（McClelland，1973）第一次提出胜任特征到现在，研究范围早已超出原有范畴，从最初的个体视角和单一职位大大扩展到部门或组织的层次（梁栩凌，2014；贾建锋等，2015；魏红果等，2015）。而胜任特征模型是确定有关人员（或组织）完成特定工作所应具备的各种能力和品质的级别，它的一般结构和主要内容包括胜任特征因子及其定义、评价等级层次、相应行为描述及标注（金阿宁等，2014；陆晓光等，2014；徐艳，2015）。形成胜任特征模型必须以胜任特征作为重要基础。

6.2.1　胜任特征模型构建思路

森林资源审计是一项需要密切配合的团队工作。对整个团队核心能力的选取和定义受到多方面因素的影响。构建森林资源审计的团队胜任特征模型，应遵循审计工作的普遍原则和基本要求，结合森林资源审计的目标和期望，在此构建思想指导下建立的胜任特征模型才具备理论基础和实用价值。

具体来说，森林资源审计团队胜任特征模型的构建需要综合四个方面的信息。一是审计行业对审计团队的基本能力要求，也就是森林资源审计团队起码应具备一般审计工作要求的能力条件。这属于审计职业自身要求层面。二是审计任务下达方对审计团队的能力要求，即森林资源审计团队的组建和运转应满足审计事项委托方（或授权方）的工作要求。这是领导层层面的能力要求。三是森林资源审计的性质与目标，意即森林资源审计的审计性质和审计目标对审计小组的能力要求，这是业务技术层面不可或缺的要求。四是社会公众等潜在审计信息使用方对审计工作小组的审计期望，属于外界层次的能力愿望，而且往往是要求最高的一个层级。

综合而言，就是在审计准则的指引下，按照森林资源审计任务下达方的工作要求和规定，通过比较森林资源审计的业务诉求与潜在审计信息使用者对审计团队的能力期望之间的差距，来最终确定森林资源审计团队的核心能力体系（见图6-1）。

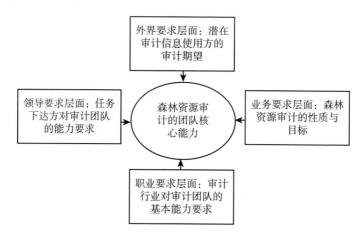

图 6-1 森林资源审计团队胜任特征模型的构建思路

6.2.2 胜任特征模型的具体构建

按照构建思路设计的森林资源审计团队胜任特征模型主要包括三种核心能力（见图6-2）。一是独立性，子项包括甄别能力、预防策略、防治措施。二是专业性，子项包括专业胜任能力的获取、专业胜任能力的保持、培训拓展。三是凝聚性，子项包括合作精神、服务精神、工作态度。社会公众及其他审计报告使用者的理性选择，必然是追求和期望审计独立性；而审计职业与行业的内在发展需求是专业性与独立性的统一；审计质量高低在一定程度上取决于独立性与专业能力之间的平衡（张艳等，2006）。因此，独立性和专业性是森林资源审计团队能够胜任工作的两大基本核心能力。但具有较高的专业胜任能力和独立性的审计组织并不一定就能提供高质量的审计服务，关键源于审计人员面临的法律风险很低（刘成立，2006）。因

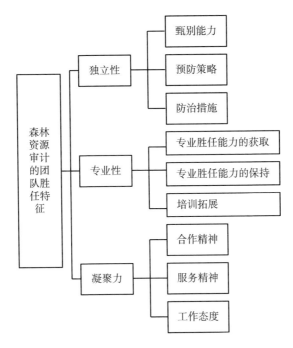

图 6 - 2　森林资源审计团队胜任特征模型

此，提升审计质量的另一个很重要的方面就是要增强风险意识。就团队层面来看，能否增强风险意识和有效防范控制风险的关键在于整个团队的任务配合情况、精神面貌状况、工作态度等，归结于审计工作小组的团结性。故凝聚力必定是森林资源审计团队能够胜任工作的另一核心能力。能够胜任审计工作的森林资源审计工作小组，应当是一支高独立性、强凝聚力的专业性审计团队。

6.2.3　胜任特征模型的解释说明

1. 独立性

任何一种类型的审计都必须具有独立性。在胜任特征模型里，独立性既是一种工作性质的体现，同时更是一种进行独立性判断的能力要求。当前森林资源审计主要以政府审计形式展开，且以经济责任审计、离任审计的拓展和延伸为工作指导。往往在组建审计工作小组及执行审计程序时，对个人及组织层次的独立性判断比较忽视。现阶段，森林资源审计针对的是各级领导干部，它的结论和意见又拟将作为地方党政领导干部离任、升迁、考评等的重要依据，具有举足轻重的地位。

因此，森林资源审计的独立性遭受弱化甚至缺失的可能性更大，受损的情形也可能更多。森林资源审计团队能够进行有效的独立性甄别，并采取合理措施预防和规避，是该团队胜任的首要核心能力，也是审计工作质量保证的前提。表 6－1 是胜任特征模型中对森林资源审计团队独立性能力要求的具体解释与说明。

表 6－1　　　　　　　　　　独立性能力要求的解释与说明

胜任特征	内容	说明
独立性	概念	理解超然独立性对于审计工作的意义和内涵，遵循审计职业所要求的实质独立和形式独立，进而实施审计独立性判断的行为
	素质分级	有审计独立性判断的业务行为与规避对策；有审计独立性判断的常态行为及完整规避制度；有审计独立性判断的持续性行为及底稿记录
	判别要点	审计独立性判断的时间点及频次；是否能甄别和判断审计独立性有无受威胁或受损的情形；是否能及时正确地采取预防措施与规避对策以应对审计独立性的弱化或缺失

2. 专业性

所有的审计类型几乎都是基于一定的财务审计基础之上的。审计工作不仅要具备扎实的会计理论与方法、审计理论与方法和财务管理知识等，同时也要涉猎金融学、管理学、经济学、财政学、税收学、资产评估、法律、工程等学科和领域。审计是一项专业性、技术性很强的职业。我国的注册会计师执业准则就明确规定审计人员必须具备足够的专业胜任能力。森林资源审计是一项新兴的、学科交叉的审计类型。森林资源审计的专业技术性要求很高，除了必须具备常规性的审计知识和技能外，还需熟悉森林资源的经营管理制度、政策和形势。专业性能力要求，是指在森林资源审计中，审计小组具备扎实的审计知识和技能，以及足以支撑其完成审计程序的自然资源尤其是林业学科知识，胜任和完成森林资源审计工作。表 6－2 是胜任特征模型中对森林资源审计团队的专业性能力要求的具体解释与说明。

表 6 – 2　　　　　　　　　　专业性能力要求的解释与说明

胜任特征	内容	说明
专业性	概念	审计工作人员所具备的在既定专业标准（职责、目标、任务、角色）下合格胜任工作的能力
	素质分级	审计小组基本具备专业胜任能力；审计小组具备专业胜任能力；审计小组具有较高的专业胜任能力；审计小组具有较高的专业胜任能力且保持提升
	判别要点	审计小组是否具有合理的团队结构；是否配备足以完成任务工作的人员力量；是否进行学习培训

3. 凝聚力

现阶段，森林资源审计主要是在自然资源资产离任审计分工下的一种合作项目和协作任务。审计过程中，一般是按项目所涉自然资源分成不同小组，如森林资源组、水资源组、国土与矿产资源组等。各小组的工作量、业务难度、人员与资源配置等，是难以按平均化来衡量和分配的。审计小组要按时保质完成审计工作任务，就必须促进团队成员在任务配合、精神面貌、工作态度等方面达成高度一致，产生向心力。众志成城，精诚合作，服从调配，不畏艰难，不惧困苦，才有可能胜任繁重的自然资源审计的外业工作。所以，将凝聚力纳入作为森林资源审计团队胜任模型的特征之一。表 6 – 3 是胜任特征模型中对森林资源审计团队的凝聚力要求的具体解释与说明。

表 6 – 3　　　　　　　　　　凝聚力要求的解释与说明

胜任特征	内容	说明
凝聚力	概念	审计小组全员通力合作，共同去完成某一项审计任务，发挥协作力量与服务精神
	素质分级	分工协作；求助；鼓励他人与合作；建立团队精神与默契
	判别要点	是否能促进审计小组的整体性高效运作

6.2.4　胜任特征项目释义

构建团队胜任特征模型有助于审计项目组进行森林资源审计工作小组的

组队工作，这是它的最为主要的应用之一。基于团队胜任特征模型的审计团队的组建，一方面，要求审计机关了解什么是胜任特征，审计事项的实际情况对团队胜任特征的要求有哪些；另一方面，利用胜任特征模型，审计机关可以更快速有效地配置审计资源，组建能胜任森林资源审计任务的审计项目组。

森林资源审计团队胜任特征模型建立后，为便于使用，需要对各个特征项目的含义做出解释，具体如表6-4所示。胜任特征项目释义，即是对各个胜任特征及其特征项目内涵的具体阐述和表达。释义说明主要是从要求、条件、标准和水平等层面进行解释和表达，以促使胜任特征模型的使用者能够正确和到位的理解各个胜任特征及其特征项目。当然，特征项目的释义也应当根据审计规范要求的更新和审计实务的变化及时修订。

表6-4 森林资源审计团队胜任特征项目释义

胜任特征	特征项目	胜任特征项目释义
独立性	甄别能力	在承办审计任务时，从整体层面和具体业务层面去甄别和判断独立性
	预防策略	针对可能存在的独立性弱化或缺失情形采取应对性的策略
	防治措施	就存在的独立性受威胁或受损状况采取合理而必需的措施，如回避、替换、拒绝承接等
专业性	专业胜任能力的获取	保证团队成员通过学习、教育、培训和执业实践获取森林资源审计所必须具备的一切专业知识和技能
	专业胜任能力的保持	保证团队成员持续了解并掌握当前审计与森林资源相关的法律、技术和实务的发展变化，将专业知识和技能始终保持在应有的水平，能适应森林资源领域的特定业务环境，确保工作水准
	培训拓展	针对具体森林资源审计个案进行专题培训，从整体层面拓展提升审计工作中所需的非财会类知识与技能
凝聚力	合作精神	树立和培养团队共同奋斗的氛围，围绕审计任务的共同目标，相互沟通配合，鼓励和崇尚合作
	服从意识	根据上级机关的需要、任务的重要性及目标，团队的人力和资源配置能相应做出调节
	工作态度	整个团队上下一心，立场一致，积极向上，对审计性质与意义、审计目标设定、审计计划安排等的理解和执行情况保持一致

6.3　森林资源审计的胜任力指数

森林资源审计的团队胜任特征模型的建立，虽为组建具备胜任力的审计工作小组带来了模型参考和理论依据，但仍属于非定量化手段。为了能更加直观和定量化应用，下面尝试在已构建的团队胜任特征模型的基础上，创设森林资源审计的团队层次的胜任力指数，用以量化衡量审计小组的胜任程度。团队胜任特征模型解决了这样一个问题：具何种能力素质的团队才能胜任某项森林资源审计工作，也就是组队标准问题。在这样的标准下，团队核心能力体系明确，可将诸项核心能力转化为评价指标，转化为胜任力指数的评价指标体系，再运用科学有效的确值技术和评价方法，形成胜任力指数。

6.3.1　胜任力指数的影响因素分析

森林资源审计的团队核心能力体系，也就是独立性、专业性和凝聚力这三项，现直接转化为胜任力指数的一级评价指标。为了能具体判定一级评价指标的量值，首先需梳理出影响各指标的因素和方面，并作为二级指标。

1. 影响独立性的因素

森林资源审计与其他一般审计类似，影响独立性的主要因素包括以下方面。

（1）关系因素。如具有亲属血缘、行政隶属等方面的关联关系，项目组与被审计方的地缘关系，业务关系情况（如"同级审""上下审""交叉审"等）。

（2）利益因素。森林资源审计中可能涉及的利益牵扯主要是经济利益、政治利益等。

（3）政府因素。如来自政府部门和相关领导的对审计程序和审计意见的干预，对审计工作进度和质量等施压，被审计方部门和领导的不配合和阻碍。

（4）自身因素。例如，审计小组规模越大，独立性情况越复杂；团队的森林资源知识和技能不足，需要利用和依赖外部专家；团队整体的职业道德建设和重视程度等。

2. 影响专业性的因素

森林资源审计中，影响专业性的主要因素包括以下方面。

（1）审计力量。主要是指审计人员数量的配置充分与否，以及是否配备了相应资源领域的专家学者或工作人员提供咨询。

（2）人员结构。主要是指整个审计团队的性别结构、年龄结构和职称结构等。

（3）执业经验。主要包括团队内部成员在森林资源审计方面的执业次数、执业年限及职业资格等。

（4）学科背景。森林资源审计涉及财会审计和森林资源两大领域，需要审计团队至少具备此两方面的知识和技能，才能高质量开展森林资源审计。专业和学位学历是专业性的影响因素。就森林资源审计来看，团队专业背景越丰富多样，专业性越强。

（5）学习培训。在历次森林资源审计任务前是否开展相应业务培训，以及是否经常参加各类专题学习等，对专业性也是有很大影响的。

3. 影响凝聚力的因素

森林资源审计中，影响凝聚力的主要因素包括以下方面。

（1）内容分配。森林资源审计工作中，面对不同审计内容，如山场资源踏勘与林业资金审查相比，审计人员所面临的审计工作环境大不一样，若要追求审计工作量和审计难度的绝对平均分配，必是十分困难和难以实现的。因此，任务分解不恰当、工作难度失衡等是有可能影响团队凝聚力的。

（2）服从意识。团队成员若在执业立场、业务认知方面存在不一致的理解，将会有不同的工作思路和情绪，整体的服从意识将会有差别，存在凝聚力涣散的风险。

（3）工作态度。团队成员职业道德水平层次差别过大，或者对审计风险识别有较大差距，抑或对所需承担的审计责任的理解有异，都会直接或间接性的影响凝聚力。

6.3.2　胜任力指数的创建与评价

1. 建立评价指标体系及标准

同大多数评价方法一样，首先要建立关于胜任力指数的评价指标体系。根据前述对三项评价指标影响因素的分析，建立如表 6 – 5、表 6 – 6 及表 6 – 7 所示的评价指标及评价标准体系。并设定了独立性指数、专业性指数及凝聚力指数作为胜任力指数的分项子指数研究。在各个二级指标下列举了多个考察细项，这些细项就是具体影响各一级指标的因素。

表 6 – 5　　　　　　　　独立性指数的评价指标体系及评价标准

指标	二级指标	考察细项	评价标准
独立性	关系因素	关联关系	项目组不存在威胁独立性的本项情况
		地缘关系	项目组不存在威胁独立性的本项情况
		业务关系	本次审计任务属于"上下审"或"交叉审"情形
	利益因素	经济利益	项目组不存在威胁独立性的本项情况
		政治利益	项目组不存在威胁独立性的本项情况
	政府因素	干预影响	项目组不存在威胁独立性的本项情况
		施压影响	项目组不存在威胁独立性的本项情况
		阻碍影响	项目组不存在威胁独立性的本项情况
	自身因素	队伍规模	项目组规模适当、来源可靠，未有威胁独立性
		专家依赖	项目组无须过度依赖外部专家工作
		职业道德	项目组整体职业道德水平层次高

表 6 – 6　　　　　　　　专业性指数的评价指标体系及评价标准

指标	二级指标	考察细项	评价标准
专业性	审计力量	人员数量	人员数量充分且适当，满足审计任务需要
		专家咨询	安排好拟咨询的森林资源领域相关的专家学者
	人员结构	年龄结构	项目组老、中、青的年龄层分布合理
		性别结构	项目组男女比例适应森林资源资产领域的审计需要
		职称结构	项目组高级、中级、初级的职称分布合理
	执业经验	执业次数	项目组参与过森林资源审计 2 次及以上的成员过半数
		执业年限	项目组从事森林资源审计 2 年及以上的成员过半数
		执业资格	项目组中具备各类审计执（职）业资格的成员达 2/3（含）以上

续表

指标	二级指标	考察细项	评价标准
专业性	学科背景	毕业专业	项目组中有非财会审计类学科背景成员，特别是林业类相关专业毕业的成员
		学历学位	项目组中具有硕士及以上学位学历的成员过半数
	学习培训	专题培训	项目组中定期（或不定期）参加森林资源审计相关专题培训的成员不少于1/3
		业务培训	进场前已经举办或将会举办相应的业务培训和审计部署

表6－7 凝聚力指数的评价指标体系及评价标准

指标	二级指标	考察细项	评价标准
凝聚力	工作分配	任务分解	项目组的审计任务分解合理公平，成员接受度高
		工作难度	项目组的任务难度协调合理，成员接受度高
	服从意识	工作立场	项目组对本次森林资源审计中自身所处立场明确，能够保持一致精神步调和工作标准
		业务认知	项目组对本次森林资源审计的起因、目的、计划、任务意义及项目重要性等背景情况熟悉，能够一致勤勉尽责
	工作态度	道德素养	项目组成员职业道德水平和职业素养不存在明显的高低差异
		风险识别	项目组对业务风险的识别和评估取得共识
		责任理解	项目组对业务责任的承担取得共识

虽然，表6－5、表6－6及表6－7中对每个考察细项给出了具体的评价标准；但是，此处的评价标准是结合当前森林资源审计处于初期研究和试点探索阶段的实际而设定的，后期可依据森林资源审计的不断成熟相应进行调节和变更。

2. 评价指标的确值与量化

可以看出，本部分所建立的评价指标体系是属于定性化的。定性指标的量化评价，目前可利用的方式方法很多。李德毅院士提出的云理论是一种定性定量不确定性转换理论，通过将模糊性和随机性集成在一起研究，考察自然语言中最基本的语言值所蕴含的不确定性的普遍规律（张宏民，2013；李燕青等，2014）。因此，可利用云模型的不确定性推理将评价人员对各评价指标的评价语言值转换成定量的数值，即可实现定性指标的量化确值。

（1）评价指标的云模型描述。评价指标各个档次的量化标准分别对应于胜任力指数评测人员的经验知识，用一个定性、模糊的语言值来表达某一定量的数值范围；根据人的评价语言习惯，采用"五标度法"确定云模型的评价语集是最为合适的（谢道文等，2012；李小静等，2015；司琦等，2015）。首先根据指标体系中考察细项的评价标准的表述，建立"完全符合、较符合、基本符合、较不符合、完全不符合"的评价语集Ⅰ。同时设定针对一级指标的"好（高）、较好（较高）、一般、较差（较低）、差（低）"的评价语集Ⅱ。如在评测独立性指数时，应逐一勘察各考察细项并从评价语集Ⅰ中选择适合实际情况的语言描述值，再综合所属各考察细项的评判情况，从评价语集Ⅱ中选取最为恰当的一个评语值。专业性指数、凝聚力指数的评判同样处理。

将评价指标的量值区间界定为［0，100］，则评价语集Ⅱ中"好（高）、较好（较高）、一般、较差（较低）、差（低）"的评价词，可分别设定隶属于值域［80，100］、［55，85］、［35，65］、［15，5］和［0，20］。评价指标量值区间和评价语词值域均可依据实务情况做出适当调整。因此，可按照正态云模型公式获得云模型中的期望值和熵（廖良才等，2010）：

$$E_{x_i} = \frac{D^i_{\sup} + D^i_{\inf}}{2}$$

$$E_{n_i} = \frac{D^i_{\sup} - D^i_{\inf}}{6} \tag{6.1}$$

式中：E_{x_i} 表示第 i 个评价语词的期望值；E_{n_i} 表示第 i 个评价语词的熵；$D^i_{\sup}$ 表示第 i 个评价语词对应值域的上限界；$D^i_{\inf}$ 表示第 i 个评价语词对应值域的下限界。

则评价语集Ⅱ中的五个定性评判在量值区间［0，100］的正态云分布可表示如下：

$$CG_{A_1} = \begin{cases} 1, & x \in [90, 100] \\ Cloud(90, 10/3, 0.05), & 其他 \end{cases}; \quad CG_{A_2} = Cloud(70, 5, 0.05)$$

$$CG_{A_3} = Cloud(50, 5, 0.05) \qquad ; \quad CG_{A_4} = Cloud(30, 5, 0.05)$$

$$CG_{A_5} = \begin{cases} 1, & x \in [0, 10] \\ Cloud(10, 10/3, 0.05), & 其他 \end{cases}$$

利用上述五个正态云分布，可转化为如图6-3所示的联合分布图，集中体现了评价语集Ⅱ中五个定性评判的云模型云滴及其隶属度值。

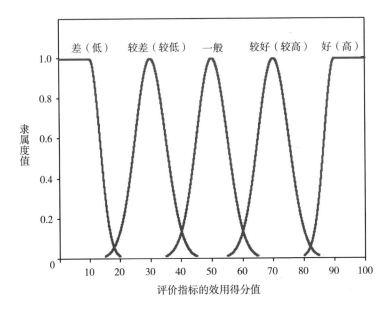

图 6－3　五级定性概念的联合分布

（2）云模型的不确定性推理。根据执业经验和审计知识，可以建立如下关于独立性的推理规则。而专业性和凝聚力这两个评价指标类似。

如果审计项目组独立性情况"好（高）"，则独立性指数"大"；

如果审计项目组独立性情况"较好（较高）"，则独立性指数"较大"；

如果审计项目组独立性情况"一般"，则独立性指数"一般"；

如果审计项目组独立性情况"较差（较低）"，则独立性指数"较小"；

如果审计项目组独立性情况"差（低）"，则独立性指数"小"。

继而可设定独立性指数值界于［0，1］区间，且它的五个高低级别依序对应值域［0.75，1］、［0.55，0.85］、［0.35，0.65］、［0.15，0.45］和［0，0.25］。则独立性指数的五个高低级别在值域中的云模型可表示如下：

$$CG_{B_1} = Cloud\ (1,\ 0.5/6,\ 0.05) \qquad CG_{B_2} = Cloud\ (0.7,\ 0.05,\ 0.05)$$

$$CG_{B_3} = Cloud\ (0.5,\ 0.05,\ 0.05) \qquad CG_{B_4} = Cloud\ (0.3,\ 0.05,\ 0.05)$$

$$CG_{B_5} = Cloud\ (0,\ 0.5/6,\ 0.05)$$

（3）云发生器构建。云发生器是运用云模型进行不确定性推理的基础，一个 X 条件云发生器与一个 Y 条件云发生器连接起来就构成了一个单规则生成器（谢道文等，2012），如图 6－4 所示。利用 Matlab 软件可

将已建立的 CG_A 和 CG_B 云模型组合构建成为图示中的正向云发生器，实现不确定性推理。

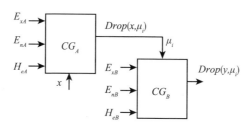

图 6-4 单规则生成器

（4）评价指标的量化实现。图 6-5 表示的即是评价审计项目组的独立性，评价语词为"较好（较高）"时的 1000 次情况下，利用所构建的正向云发生器而得到的评价云图。它由 1000 个云滴共同组成，对应 1000 次的评价，即将 1000 次的"较好（较高）"量化为 1000 个数值。如图 6-5 所示，转换后的独立性指数值几乎均在区间［0.6，0.8］内，仅有极少数点不在该区间，可仍落在"较好（较高）"级别所隶属值域［0.55，0.85］内。且越靠近"较好（较高）"等级期望值 0.7 的点，其隶属度值越大，表示越符

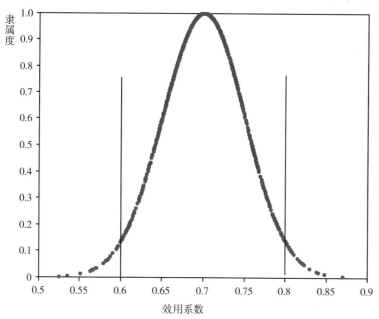

图 6-5 独立性 1000 次"较好（较高）"的不确定性推理

合"较好（较高）"的评价。因此，云模型的不确定性推理可有效地用于独立性指数、专业性指数和凝聚力指数的量化评价。

3. 胜任力指数的计算

实务中，只需认真考察森林资源审计项目组的各评价指标，酌情判断所属细项符合评价标准的实际情况，据此分别对独立性、专业性和凝聚力给出具体的语言评价词。构建云模型和发生器，实现语言值的量化转化，求得独立性指数、专业性指数和凝聚力指数。森林资源审计项目组的胜任力指数定义为独立性指数、专业性指数和凝聚力指数的综合，是三者相互影响、相互作用的结果。

例如，审计项目组在对某项森林资源审计工作试点的调研中，按照评价指标体系对胜任情况做出了考察分析，独立性评价为"好（高）"、专业性给出"较好（较高）"、凝聚力得到"较好（较高）"的评测语。通过云模型的转化处理，分别量化为独立性指数 0.9004、专业性指数 0.7108 和凝聚力指数 0.6996。胜任力指数不应是三项子指数的简单平均或者加权平均，因为三者对森林资源审计项目组胜任与否的影响彼此重叠，难以分割开来。建议采取以下方法来计算胜任力指数：

$$Index_{CE} = (Index_{IE})^a \times (Index_{SY})^b \times (Index_{CN})^c \qquad (6.2)$$

式中：$Index_{CE}$ 表示森林资源审计项目组胜任力指数；$Index_{IE}$ 表示独立性指数；$Index_{SY}$ 表示专业性指数；$Index_{CN}$ 表示凝聚力指数。a、b、c 表示常数系数，衡量指标对胜任力指数的贡献程度或影响程度。

当前条件下，式（6.2）中的 a、b、c 常数系数显然是较难以确定的。应根据足够样本数量的具体审计案例和背景情况，确定团队胜任力水平评价中三者的重要性和影响程度，再行赋值。现阶段为了大致判断项目组的胜任力指数值，可取特例：令 $a = b = c = 1$。

因此，上例森林资源审计项目组的胜任力指数为：

$$0.9004 \times 0.7108 \times 0.6996 = 0.4477$$

根据三个分项子指数的值域设定，胜任力指数的值域也是在 $[0,1]$ 之间，且结果值越趋近于 1，说明胜任力越好。胜任力指数值达到什么水平，才是团队胜任与否的分界线，有待于将来通过大量的实践项目的评价测定，选择适当水平值定为临界标准。

6.4　本章小结

现有的审计胜任能力的研究中，以涉及政府审计和内部审计的为主，但几乎都是以审计人员个体为研究视角。森林资源审计的团队胜任特征模型和胜任力指数研究，一方面拓展了审计胜任研究的范畴，无论是在探讨的审计领域还是在研究的层次视角，均是如此；另一方面，构建科学有效的胜任特征模型和胜任力指数，可直观评价审计项目组的胜任情况，指导森林资源审计的审计团队组建，做好审计前质量控制，突破当前困扰森林资源审计施行推广的"瓶颈"，提升森林资源审计的审计质量。

但胜任特征模型不是固定不变的，应适时、适需、酌情做出调整。当前森林资源审计处于初期发展阶段，很多方面都还不明确，对审计项目组的核心胜任能力的要求基本处于底线水平。随着森林资源审计的发展完善，以及国家对自然资源资产离任审计的政策改变和期望提升，自然而然地，团队胜任特征模型应该要适时适需做出调整。此外，不同地区、不同个案，对森林资源审计项目组也会提出不同的胜任要求，在运用团队胜任特征模型的时候可酌情调整。所提及的调整主要是指胜任特征模型里的素质等级、行为描述和标志等的调整，而独立性、专业性和凝聚力作为森林资源审计项目组的核心胜任能力，三者应当是不可动摇的。此外，由独立性指数、专业性指数和凝聚力指数融合而成的胜任力指数，指标体系健全、评价方法可行，可应用于实践评价。但是，胜任力指数的临界标准则需要将来多作研究探讨方可确定。

第 7 章

森林资源审计的风险防范

现代风险导向审计推崇将有限的审计资源集中在高风险领域，合理配置审计资源，以提高审计效率和效果。森林资源审计因其特征特性，非常适合以现代风险导向审计模式来开展。以现代风险导向审计模式来实施森林资源审计，就必须对森林资源审计风险及其防控进行研究。

7.1 森林资源审计风险的内涵

7.1.1 森林资源审计风险的定义

企业财务审计上，审计风险是指财务报表存在重大错误或漏报，而注册会计师审计后发表不恰当审计意见的可能性。它不包括审计人员可能误认为财务报表含有重要差错的风险，因为在这种情况下，审计人员往往可以重新考虑或增加审计步骤，这些步骤经常使审计人员得出正确的结论。现代审计风险模型中，审计风险的大小受重大错报风险和检查风险的影响。

相应地，森林资源审计风险是指被审计单位在与森林经营、保护和利用活动有关的政策执行、资金收支及效益情况等方面存在重大的违规违纪、疏漏或未达标的事实，而森林资源审计人员却发表不恰当结论的可能性。森林资源审计一方面保障和促进了我国森林资源经营管理实现可持续化；另一方面也对领导干部任职履责情况进行评价，为其离任、升迁、考核等提供了重要依据。因此，森林资源审计意见和结论若出现偏差，上至国家下至个人均可能产生难以预见的影响或损失。预防和规避森林资源审计风险，是森林资源审计工作必须要解决的重要课题之一。

7.1.2　森林资源审计风险的理解

理论上来说，森林资源审计应该做到应审尽审、应查尽查，查找出被审计单位所有的违规违纪、疏漏或未达标的履责事实。从这个角度来看，森林资源审计风险内涵不应当体现"重大"方面。但是，与企业财务审计一样，实践中要求森林资源审计人员必须查找出被审计单位所有的违规违纪、疏漏或未达标的履责事实并给予完全保证，是不切实际和难以实现的。森林资源审计风险内涵中体现和强调"重大"特性，可以从以下几个方面进行理解。

首先，无论是作为自然人的森林资源审计人员，还是审计过程中被利用的各类高新技术，如大数据挖掘技术、先进仪器等，都会因能力或性能极限而存在固有局限性，理论上致使森林资源审计活动根本不可能完全查找和发现被审计单位所有的违规违纪、疏漏或未达标事实。

其次，森林资源审计实务中往往基于突出重点的方针，常常采取抽查的审计技术方法，如抽查财务资料、业务资料和山场小班，这与森林资源的类型多、分布散、总量大等特殊性有关，而抽查形式也就直接否定了完全查找和发现被审计单位所有的违规违纪、疏漏或未达标事实的可能。

此外，森林资源审计建立健全审计容错纠错机制是势在必行的，这是党中央为激励广大干部新时代新担当新作为，为充分调动和激发干部队伍的积极性、主动性、创造性而发出的改革指示和精神。符合容错领域内容的，不做负面评价，在各类考核、评先评优、表彰奖励、选拔任用时不受影响，不追究相关责任。因此理论上来说，对于符合容错领域内容的疏漏或未达标事实即使未能被审计发现，也不会产生严重的审计后果，一般可控制在可接受范围内。

综上所述，有些性质不严重、后果较轻的违规违纪、疏漏或未达标事实，特别是符合容错领域内容的疏漏或未达标事实，即使并未被森林资源审计人员所发现，也未必会对被审计单位相关职责的总体评价水平产生实质性变更影响。因此，森林资源审计人员在对被审计单位发表资源状况和履责情况的总体评价水平意见时，可以以重大的违规违纪、疏漏或未达标的事实作为评判依据。

但是，森林资源审计人员必须同时注意三个方面。

一是森林资源审计人员必须要关注和把握"重大"的标准或临界水平。对于法律法规的禁止性规定或者属于"一票否决"的约束性考核指标及任务等，是可以明确纳入"重大"范畴的。但是实务中也会出现很多难以界定的情形，需要森林资源审计人员根据项目要求、事实情况等加以认真研判。

二是森林资源审计人员必须要关注和把握性质不严重、产生后果较轻的违规违纪、疏漏或未达标事实的将来影响和程度。由于森林资源生长和生态效益显现的长周期性，当下性质不严重、产生后果较轻的违规违纪、疏漏或未达标事实，在将来可能产生和形成不可估量的破坏和损失。

三是森林资源审计人员必须要关注和把握多项性质不严重、后果较轻的违规违纪、疏漏或未达标事实的累加后果。单项性质不严重、后果较轻的违规违纪、疏漏或未达标事实，未必产生重大影响；但是多项累加，互相交叉影响则有可能产生和形成不可估量的破坏和损失。"重大"范畴包括多项累加的程度情形。

7.2 森林资源审计的风险框架

森林资源审计的风险分为源于审计环境的风险、源于审计主体的风险和源于审计客体的风险。具体的森林资源审计的风险框架如图 7-1 所示。分析和建立森林资源审计的风险框架对实务中具体识别和评估森林资源审计风

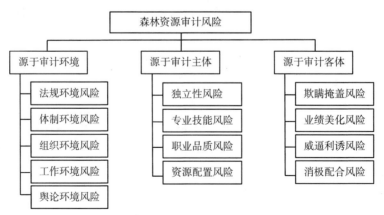

图 7-1 森林资源审计的风险框架

险具有极高的指导价值。

7.2.1　源于审计环境的风险

1. 法规环境风险

虽然中共中央办公厅、国务院办公厅印发了《领导干部自然资源资产离任审计规定（试行）》，地方政府也有出台各自的领导干部自然资源资产离任审计办法等，一定程度上可用于指导森林资源审计实践，但是现有的森林资源审计法规体系依然不够健全完善。主要体现在两方面：一是没有完善的森林资源审计的法规体系，缺乏指导的针对性；二是未确立森林资源审计准则体系，不足以规范实务操作。法律法规体系的缺位，致使森林资源审计工作缺乏相关保障和指导，极易造成森林资源审计风险的形成。

2. 体制环境风险

一是森林资源审计制度的单一主体化。当前森林资源审计基本以政府审计开展，缺少内部审计尤其是社会审计力量，三位一体的审计体系没有建立形成，审计资源整合和配置效率低。二是林业系统管理体制的特殊性。林业系统机构和组织单位类型多样，管理体制也不尽相同，森林资源审计需要较多部门参与、协调和配合，环节与程序增多，森林资源审计风险陡增。

3. 组织环境风险

组织环境主要是指森林资源审计的审计活动组织。森林资源审计主要采取"上下审"或"交叉审"的组织方式。对于森林资源领域而言，"上下审"在提升权威性的同时却有可能使被审计单位及相关单位产生抵触情绪进而降低审计配合度，"交叉审"增强了独立性但容易导致审计人员对被审计单位林情熟悉度的降低。森林资源审计需要根据行业特殊性探索适合的审计组织形式。此外，森林资源审计的计划组织方案也往往面临时间紧、资源量大、任务急的情形。这些加剧了森林资源审计风险的形成可能。

4. 工作环境风险

森林资源审计工作，必不可少地需要前往野外山场进行实地踏查。一方面，多数森林资源分布较广散，路程距离遥远，交通不便，且气候条件多变，森林资源审计工作的环境条件相对较为恶劣和艰苦。另一方面，山峭林密、水流湍急，还有不可预见的具有毒害或者破坏性的野生动植物，致使森林资源审计人员面临较高的人身生命财产危险。工作环境的不佳，直接增加了森林资源审计相关程序实施的难度。

5. 舆论环境风险

随着绿色发展理念和生态文明建设深入人心，社会公众对生态环保和资源建设的关注度日益提高。社会公众的关注和舆情是一把"双刃剑"。一方面有利于实施社会公众舆论监督，以辅助森林资源审计监督，建立全方位的监督体系；另一方面对于一些重大项目或者某类型森林资源等，社会公众过高的关注、过度的舆情及审计期望，也容易给森林资源审计人员造成心理压力和工作情绪，反而不利于森林资源审计工作的正常和有序开展。

7.2.2 源于审计主体的风险

1. 独立性风险

当前，森林资源审计以政府审计为主，我国政府审计又属于行政型的组织形式。虽然我国政府审计的独立性建设持续提升，完全可以确保政府审计工作的健康开展，但是领域融合后，森林资源政府审计无疑有可能放大独立性的问题和增加风险。另外，通常情况下森林资源审计工作都会配备具有林业专业知识与技能的林业技术专家作为审计顾问，甚至作为森林资源审计项目组成员。而林业系统业务交集多、往来频密，区域林业系统内基本是业内朋友圈，林业系统特别讲究情谊和联系。所以，利用专家工作又给独立性增加了一丝风险。

2. 专业技能风险

森林资源审计人员的专业技能体现在个人专业水平、审计技能及工作经验等方面。森林资源审计全过程需要较强的专业评判思维和能力，需要森林资源审计人员通过不断提升综合素质和积累实务经验来获得。特别地，森林资源审计人员的林业知识与技能水平越高、审计实务经验越丰富，则对森林资源审计的对象和内容更有把握，越容易发现违规违纪、疏漏或未达标的事实情况。但现实是：具备审计专业技能的人员可能不擅长林业，对林业懂行知底的人员却又不精于审计。专业技能的缺乏，无疑进一步加剧了森林资源审计人员的检查风险。

3. 职业品质风险

森林资源审计人员的职业品质体现在个人政治素质、职业道德、审计理念等方面。虽然职业品质是非技术性因素，但也是制约森林资源审计人员检查风险的内在根源，甚至有些情况比专业技能因素还更为重要。在实务实践中，如果森林资源审计人员责任心不强，缺乏职业道德，往往会投机取巧或相机偷懒，尤其是在野外山场踏勘的审计程序环节。会严重影响到对相关事项事实的准确评判与把握，降低审计质量，势必使审计结论偏离或失真风险增大。

4. 资源配置风险

审计资源主要包括审计人力资源、审计经费资源、审计物资资源、审计时间要求等方面。审计资源配置则是人力、财力、物力、时间在森林资源审计项目及其分包或模块任务中的分配和组合。审计资源配置合理，能促进森林资源审计项目的顺利实施，提高审计效率。然而，森林资源审计项目往往时间紧、资源量大、任务重，且审计人员力量不足，再加上森林资源审计各环节业务难度和工作量的差异性，追求高效、合理以及相对公平的审计资源配置一般存在较大难度。审计资源配置不当或不足，会加剧森林资源审计项目组的畏难情绪。

7.2.3 源于审计客体的风险

1. 欺瞒掩盖风险

党和国家坚定决心高质量推进生态文明建设，实行最严格的生态环境保护制度。实行生态环境损害责任终身追究的刚性制度，足以体现我们保护环境的坚定意志。在高压和红线面前，少数在森林资源和生态环保领域任职履责不当或者不利的领导干部，存在铤而走险，采取毁坏资料、伪造文件、胁迫下级等恶劣手段的可能，以达到其欺瞒掩盖事实、妨碍森林资源审计公正开展的不良目的。被审计单位因违规违纪采取欺瞒掩盖的可能性更大，而且往往是抱团式甚至是集团式合作，增添了森林资源审计难度和风险。

2. 业绩美化风险

森林资源审计尤其是森林资源离任审计的评价结果要为领导干部离任、升迁、调任、考核等提供参考依据。足见森林资源审计意见和结论对党政领导干部个人的重要性。为了拔高个人政绩，或者当业绩不佳不达标时，被审计单位或对象为了满足考核要求，同样存在业绩美化的可能。这种情况下，相关资料、素材和实物真真假假、虚实难辨，需要森林资源审计人员提高警惕性和职业怀疑，否则容易被诓骗而造成审计结论偏颇，抬高职业风险。

3. 威逼利诱风险

在极端情况下，森林资源审计人员还会面临来自被审计单位或对象的威逼利诱，以诱迫森林资源审计人员发表对其有利的森林资源审计意见和结论。更有甚者，森林资源审计人员还会有人身安全的威胁。这就需要森林资源审计项目组全体成员坚定职业理想和信念，不惧黑恶势力，严正秉持审计纪律，坚持公正客观的审计评价操守，才能有力遏制不良行为。否则，职业品质风险将显著提高。

4. 消极配合风险

与所有审计工作一样，森林资源审计也会对被审计单位的正常工作秩序产生一定影响。但是森林资源审计工作的开展，是不可能不寻求被审计单位的配合的；被审计单位配合审计监督工作也是相关法规要求其必须履行的职责。各类资料的整理提供、人员调配、提供交通工具等审计工作的方方面面，都需要被审计单位的积极配合才能做到节约审计成本、提高审计效率和提升审计质量。绝大部分的被审计单位及其工作人员都会予以积极认真的配合，这也是我国森林资源审计能得到快速发展的支持因素之一。但是，在森林资源审计工作的影响面大、驻场时间长的情况下，难免被审计单位及其工作人员会有一定的心态变化，甚至产生抵触情绪，消极配合。这个时候，需要森林资源审计人员灵活运用审计沟通技巧和情感共鸣的方法，与被审计单位共同和谐推进森林资源审计工作进度，防范和化解矛盾风险。

7.3 森林资源审计质量控制的风险点

降低审计风险是提高森林资源审计质量的关键。而控制审计质量的前提是必须要找准森林资源审计风险点。在森林资源审计各关键环节设置风险点提示，是前置化实施森林资源审计质量控制的关键举措。

7.3.1 审计准备阶段的风险点

审计准备阶段的主要工作内容是人员、方案和清单资料等的准备。核心风险点包括：

（1）对森林资源审计项目任务和业务难度预判不准确，未能调集必要、足够和结构合理的胜任人员成立审计项目组，造成后期因审计人员力量紧张，实施审计程序受限；

（2）森林资源审计计划方案的编制和调整过程中，因审计范围、审计内容、审计方法和审计重点等确定不恰当，造成重大事项方面应当而未被审计；

（3）与被审计单位及相关部门人员的进场前协调，未能及时取得共识或约定不清，造成后期审计工作困难和矛盾横生。

7.3.2 审计实施阶段的风险点

审计实施阶段的主要工作内容是收集、整理和分析充分且恰当的审计证据以支持审计意见及结论的形成。核心风险点包括：

（1）森林资源审计人员抽样技术和水平不足，产生误差、遗漏，造成抽取的样本不能代表总体特征，或者针对并覆盖具体审计疑点；

（2）森林资源审计人员对林业知识储备不充分、对林业行业情况不熟悉，造成关键性审计证据取证的错误、遗漏或者失效；

（3）森林资源审计人员对被审计单位提供的资料、主动说明的情况等不加以职业怀疑，不进行验证和复合，直接取用，造成信息与事实不符的重大差错；

（4）森林资源审计人员滥用或者擅自解读规章制度条款，个人酌情操作造成同类事项处理标准不一；

（5）森林资源审计人员私自给予被审计单位及相关人员不披露、不上报、不处理等承诺来换取其他审计线索；

（6）森林资源审计人员以主客观因素影响无法企及山场实地为理由而减省必要审计程序，造成实地实物与资料记载完全不符的重大错漏；

（7）森林资源审计人员的审计沟通技巧和方法有限，致使无法全面挖掘和获取相关信息、事项和事实；

（8）森林资源审计人员与被审计单位相关责任人全程毫无沟通，造成审计工作信息不对称，进而影响审计进度和审计质量；或者沟通过度造成审计泄密；

（9）审计工作底稿和相关资料随意摆放在被审计单位办公室，或其可及之处，或随意出借，保管保密措施不到位；

（10）事实认定不清楚，审计证据不充分、不恰当以致缺乏说服力，所取得审计证据无法起到直接证明事项或支撑审计结论；

（11）被审计单位的配合态度、软件配套、硬件设施等无法给予森林资源审计人员足够支持和保障，造成必要审计程序实施受限。

7.3.3 审计报告阶段的风险点

审计报告阶段的主要工作内容是形成和撰写森林资源审计报告。核心风险点包括：

（1）森林资源审计报告的交换意见稿所反映的内容与事实不符、数据有误，造成被审计单位的异议和反感；

（2）交换意见过程中，对被审计单位提出的意见未加以分析或论证不足即予以采纳，缺乏具有说服力的合理性；

（3）对审计所发现的重大问题、情况和事实在森林资源审计报告中未予报告，或者未如实报告，或者报告不翔实；

（4）森林资源审计报告对披露问题的定性和评判不准确，引用的法规依据不恰当、不充分；

（5）出具和移送的审计决定书所做出的审计决定不适当，法律依据不充分或移送部门不恰当；

（6）所提出的审计建议不恰当或者过于宏观泛泛，不具有针对性和可操作性；

（7）被审计单位未采取措施对被通报的或审计报告披露的问题进行整改，森林资源审计项目组未对其进行跟踪督促，造成问题不能消除，危害扩大。

7.3.4 审计档案归整的风险点

审计档案归整的主要工作内容是按照有关规定及时收集与森林资源审计项目有关的底稿资料，建立审计档案并予以复合、存档。核心风险点包括：

（1）有关书面文字材料、电子数据资料不齐全、不规范，或与反映事实不符；

（2）其他立项类、结论类、备查类等文书不齐全、不规范；

（3）档案资料未进行系统性编号，归整混乱，难以随时备查；

（4）档案资料未进行完整性、有效性、质量性的复核就入档，形成资料隐患。

7.4 森林资源审计风险防控措施

7.4.1 营造良好的审计环境

坚持以制度管人管事，不断制定和完善森林资源审计法律规范体系，持续推进严格规范、公正文明的森林资源审计；强化对森林资源审计工作的法律保障和支持。积极探索开展森林资源审计基本准则的编撰工作，及时向有关单位和组织征求意见；稳步推进森林资源领域审计指南和操作指引的开发，强化对审计实务的指引；尽快形成森林资源审计准则体系。创新森林资源审计项目的审计组织方式，强化审计资源的统筹整合，避免重复审计或者审计不足。根据森林资源审计项目难度和艰苦条件，给予森林资源审计人员基本的野外保险保障，提供必要的野外安全培训。扎实开展森林资源审计宣传教育，不断提高审计人员依法审计的意识和能力，不断提升国民对森林资源审计的认知和参与，全面推进森林资源审计全方位监督体系建设。

7.4.2 识别和评估审计风险

在项目实质性开展前，森林资源审计项目组应适当进行调查，了解被审计单位情况，识别可能潜在的审计风险点。收集和整理审计风险资料，评估和控制审计风险点，分析选择风险最低的方案，并在制订森林资源审计方案时采取相应有效的控制措施。分析清楚审计风险点的形成原因，倘若源于其他部门或个人，可与之联系和通报情况，要求其协调和处理有关障碍及阻滞因素，直至把风险转移或者降低在可接受范围内。同时，还要时常对森林资源审计人员进行风险意识和观念教育，使其具备抗拒来自审计工作外部各方面压力和干扰的能力，确保各项审计任务的顺利完成。

7.4.3 积极采取技术性对策

严格实施森林资源审计项目质量控制，采取全方位、全过程和全员参与的"三全质量控制"制度。从项目计划的编制，到项目实施过程重点、难点的控制等，落实和加强森林资源审计项目管理。要建立项目主审负责制，明确主审人员的权利和义务。重视审计文书撰写，遣词造句、旁征侧引等必须认真推敲，力求无可争议。此外，项目方案、工作底稿、调查方法、专家工作等共同构成审计质量的技术要素，也是审计风险点分布的重要环节，应当同样采取适当的技术性对策。总之，对整个森林资源审计项目要做好审查、审核和审理。

7.4.4 加强人员素质教育培训

防范审计风险，提高审计质量，人是决定因素。一是要重视和加强对森林资源审计人员的职业品质的教育引导与提升，尤其是抗压能力、抵御诱惑的意志等方面；要求每一位森林资源审计人员能够排除一切干扰，具备廉洁自律、团结协作、精益求精的职业品质。二是要注重案例分析和理论研究，经常召开典型案例分享交流会，不断及时总结优秀做法和经验。三是重点强化森林资源审计人员对林业知识技能、林业行业情况等的掌握和认知，并进一步加强经济理论、林业 3S 技术、大数据技术等相关知识的学习培训，开阔森林资源审计人员的视野，启发思路，全力打造适应新时代森林资源审计需要的既懂审计又善林业的"Π"型森林资源审计铁军。专业胜任能力的获取和保持，始终是森林资源审计风险防范的基础性但却是十分有效的手段。

7.4.5　发展森林资源审计信息化

　　林业信息化建设是现代林业建设的重要组成部分。历来，国家林业和草原局及各地林业部门对林业信息化建设高度重视。目前，已经形成国家和地方级的数据采集体系，建立了一批数据库。建立了覆盖全国的基础地理空间信息数据库管理系统、TM 陆地资源卫星图像数据库、全国森林资源连续清查数据库和森林资源分布数据库。森林火灾、荒漠化土地和生物多样性等数据库建设也取得了成效。此外，国家林业和草原局和多数省级林业部门相继开发了林业重点工程、森林资源管理、森林防火、林业有害生物防治、营造林和林业行政审批等业务管理信息系统，建立了电子办证等系统。因此，要大力加强对信息系统审计、互联网审计的研究，提高森林资源审计人员的计算机应用水平和计算机辅助审计能力，发展和创新审计技术方法，以适应林业信息化建设的步伐。

7.5　本章小结

　　现代风险导向审计是最受认可的审计模式。森林资源审计应当坚持"突出重点、聚焦难点"的审计方针，结合以现代风险导向的审计模式。森林资源审计风险是指被审计单位与森林经营、保护和利用活动有关的政策执行、资金收支及效益情况等存在重大违规违纪、疏漏或未达标的事实，而森林资源审计人员却发表不恰当结论的可能性。

　　森林资源审计的风险分为源于审计环境的风险、源于审计主体的风险和源于审计客体的风险。在森林资源审计各关键环节设置风险点提示，是前置化实施森林资源审计质量控制的关键举措。同时，应当通过营造良好的审计环境、识别评估审计风险、积极采取技术性对策、加强审计人员教育培训、发展审计信息化技术等途径来有效防控森林资源审计风险。

第 8 章

森林资源审计依据汇编

森林资源审计依据按性质内容来划分，可以分为法律法规、规章制度、规范标准、经济文件等。除了一般性审计依据外，森林资源审计的审计依据还主要来源于林业领域。本章着重对林业领域可能作为实务中森林资源审计依据的各类法律法规、行业规程、通知文件、经济文件等进行梳理和汇编，以期能够助益森林资源审计理论研究和实务发展。

8.1　审计依据汇编说明

8.1.1　汇编分类说明

森林资源审计依据大体可以分为源自国家层面的审计依据以及源自地方层面的审计依据。其中，源自地方层面的审计依据又可进一步根据行政级别和效用覆盖面划分，分为省级审计依据、地市级审计依据、县区级审计依据，以及乡镇级审计依据。源自国家层面的审计依据，其效力性一般覆盖全国，具有相对明确性和稳定性，便于整理归集；而源自地方层面的审计依据，其效力原则上只在相应的行政区域内有效，且类型多样，梳理归纳有难度。

鉴于此，本章首先对源自国家层面的审计依据进行分类归集，主要将之分成林业法规、林业名录、林业标准、林业政策、林业规划与方案五大类；其次，以福建省为例，相应地对其省级审计依据进行搜集、分类和汇编。具体的汇编分类如图 8 - 1 所示。

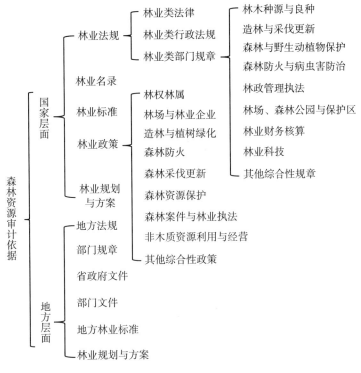

图 8 - 1　森林资源审计依据的分类汇编体系

8.1.2　汇编范围说明

汇编时间截至 2020 年 7 月 30 日，搜录在此时点内现行有效的相关森林资源审计依据。

1. 源自国家层面的审计依据

林业类法律和行政法规具有严谨的发布时间、生效时间、修正修订等，且数量不多，予以全覆盖搜集汇编。

林业类部门的规章种类和数量较多，且更新废止情况常见，本着应搜尽搜、应编尽编的原则，尽量搜录现行有效的各类部门规章。

林业名录重点搜录野生植物和动物保护相关的名录。

林业标准梳理 2016 年 1 月 1 日至 2020 年 7 月 30 日期间我国林业行业

标准的新制定、修订以及废止情况，并录编该期间国家林业和草原局批准发布且现行有效的林业行业标准。

林业政策重点搜录 2019 年 1 月 1 日至 2020 年 7 月 30 日期间国家林业和草原局发布实施的决定、通告、规范等文件；同时兼顾自然资源部、生态环境部等其他有关部门的涉林政策；此外，林业政策采取分类析编、按时效排序，部分子类搜录时间根据实际情况扩展至 5 年内或 10 年内发布但仍现行有效的林业政策。

林业规划则是尽量搜编规划期覆盖 2020 年及之后年度的全国性涉林规划、改革或者工作实施方案等。

2. 源自地方层面的审计依据

以福建省为例，将省级地方层面的审计依据分为地方法规、部门规章、省政府文件、部门文件、地方林业标准、林业规划与方案六大类。梳理时间范围是 2016 年至 2020 年 7 月 30 日。其中：

（1）地方法规、部门规章重点搜集和整理现行有效的地方性法律法规，按发布时间倒序列示；

（2）省政府文件主要是归集由省委、省人民政府及办公厅等发布的涉林通知文件等；

（3）部门文件则主要是归集林业行政主管部门（如福建省林业局）发布的各类通知和通告等；

（4）地方林业标准是各级地方有关部门依据国家林业标准体系制定的地方林业标准体系，以《福建省林业标准体系（2019 年版)》为例进行简要说明；

（5）林业规划与方案主要搜录了 2016 年至 2020 年的省级各类涉林规划方案等。

8.2 林业法规

8.2.1 林业类法律

（1）《中华人民共和国森林法》，2019 年 12 月 28 日修订通过，自 2020

年 7 月 1 日起施行。

（2）《中华人民共和国野生动物保护法》，自 2017 年 1 月 1 日起施行，2018 年 10 月 26 日第三次修正。

（3）《中华人民共和国种子法》，2015 年 11 月 4 日修订通过，自 2016 年 1 月 1 日起施行。

（4）《中华人民共和国防沙治沙法》，自 2002 年 1 月 1 日起施行，2018 年 10 月 26 日修正。

8.2.2　林业类行政法规

（1）《中华人民共和国濒危野生动植物进出口管理条例》，2019 年 3 月 2 日第二次修正、公布并施行。

（2）《中华人民共和国森林法实施条例》，2018 年 3 月 19 日第三次修正、公布并施行。

（3）《中华人民共和国野生植物保护条例》，2017 年 10 月 7 日修正、公布并施行。

（4）《植物检疫条例》，自 1983 年 1 月 3 日起施行，2017 年 10 月 7 日第二次修订。

（5）《中华人民共和国自然保护区条例》，自 1994 年 12 月 1 日起施行，2017 年 10 月 7 日修正。

（6）《中华人民共和国陆生野生动物保护实施条例》，2016 年 2 月 6 日第二次修正、公布并施行。

（7）《中华人民共和国退耕还林条例》，自 2003 年 1 月 20 日起施行，2016 年 2 月 6 日修正。

（8）《风景名胜区条例》，自 2006 年 12 月 1 日起施行，2016 年 2 月 6 日修订。

（9）《中华人民共和国植物新品种保护条例》，自 2013 年 3 月 1 日起施行。

（10）《中华人民共和国森林防火条例》，自 2009 年 1 月 1 日起施行，2008 年 11 月 19 日修订。

（11）《中华人民共和国森林病虫害防治条例》，自 1989 年 12 月 18 日起施行。

8.2.3 林业类部门规章

1. 林木种源与良种

（1）《开展林木转基因工程活动审批管理办法》，自 2018 年 3 月 1 日起施行。

（2）《主要林木品种审定办法》，自 2017 年 12 月 1 日起施行。

（3）《国家林木种质资源库管理办法》，自 2016 年 3 月 1 日起施行。

（4）《国家珍贵树种培育示范建设成效考核评价办法（试行）》，自 2013 年 5 月 3 日起施行。

（5）《国家珍贵树种培育示范县管理办法（试行）》，自 2013 年 2 月 25 日起施行。

（6）《普及型国外引种试种苗圃资格认定管理办法》，自 2005 年 11 月 1 日起施行，2016 年 9 月 22 日修正。

（7）《林木种子质量管理办法》，自 2007 年 1 月 1 日起施行。

（8）《林木种质资源管理办法》，自 2007 年 11 月 1 日起施行。

（9）《林木良种推广使用管理办法》，自 1997 年 6 月 15 日起施行，2011 年 1 月 25 日修正。

2. 造林与采伐更新

（1）《退化防护林修复技术规定（试行）》，自 2017 年 1 月 24 日起施行。

（2）《森林抚育检查验收办法》，自 2012 年 5 月 20 日起施行。

（3）《森林采伐更新管理办法》，自 1987 年 9 月 10 日起施行，2011 年 1 月 8 日修正。

（4）《造林质量管理暂行办法》，自 2002 年 4 月 17 日起施行。

（5）《国家林业局关于造林质量事故行政责任追究制度的规定》，自 2001 年 10 月 30 日起施行。

（6）《国务院关于开展全民义务植树运动的实施办法》，自 1982 年 2 月 27 日起施行。

3. 森林与野生动植物保护

（1）《境外林草引种检疫审批风险评估管理规范》，自 2020 年 1 月 1 日起施行。

（2）《在国家沙化土地封禁保护区范围内进行修建铁路、公路等建设活动监督管理办法》，自 2019 年 10 月 15 日起施行。

（3）《野生动物收容救护管理办法》，自 2018 年 1 月 1 日起施行。

（4）《野生动物及其制品价值评估方法》，自 2017 年 12 月 15 日起施行。

（5）《国家重点保护野生动物驯养繁殖许可证管理办法》，自 1991 年 4 月 1 日起施行，2015 年 4 月 30 日第二次修正。

（6）《陆生野生动物疫源疫病监测防控管理办法》，自 2013 年 4 月 1 日起施行。

（7）《天然林资源保护工程森林管护管理办法》，自 2012 年 2 月 21 日起施行。

（8）《中华人民共和国植物新品种保护条例实施细则（林业部分）》，自 1999 年 8 月 10 日起施行，2011 年 1 月 25 日修正。

（9）《沿海国家特殊保护林带管理规定》，自 1996 年 12 月 9 日起施行，2011 年 1 月 25 日修正。

（10）《植物检疫条例实施细则（林业部分）》，自 1994 年 7 月 26 日起施行，2011 年 1 月 25 日修正。

4. 森林防火与病虫害防治

（1）《松材线虫病生态灾害督办追责办法》，自 2019 年 8 月 1 日起施行。

（2）《松材线虫病疫木加工板材定点加工企业审批管理办法》，自 2005 年 11 月 1 日起施行，2016 年 9 月 22 日修正。

（3）《突发林业有害生物事件处置办法》，自 2005 年 7 月 1 日起施行，2015 年 11 月 24 日修正。

（4）《全国森林防火通信组织管理工作规范（试行）》，自 2011 年 4 月 15 日起施行。

（5）《森林消防队伍建设和管理规范》，自 2007 年 3 月 16 日起施行。

（6）《森林消防物资储备库建设和物资储备管理规范》，自 2007 年 3 月 16 日起施行。

（7）《森林消防装备、机具储备年限规范》，自 2007 年 3 月 16 日起施行。

5. 林政管理执法

（1）《国家林业局委托实施林业行政许可事项管理办法》，自 2017 年 12 月 1 日起施行。

（2）《林业行政案件类型规定》，自 2017 年 1 月 1 日起施行。

（3）《建设项目使用林地审核审批管理办法》，自 2015 年 5 月 1 日起施行，2016 年 9 月 22 日修正。

（4）《引进陆生野生动物外来物种种类及数量审批管理办法》，自 2005 年 11 月 1 日起施行，2016 年 9 月 22 日第二次修正。

（5）《林木种子生产经营许可证管理办法》，自 2016 年 6 月 1 日起施行。

（6）《林业工作站管理办法》，自 2016 年 1 月 1 日起施行。

（7）《野生动植物进出口证书管理办法》，自 2014 年 5 月 1 日起施行。

（8）《林木和林地权属登记管理办法》，自 2000 年 12 月 31 日起施行，2011 年 1 月 25 日修正。

（9）《林业行政许可听证办法》，自 2008 年 10 月 1 日起施行。

（10）《森林资源监督工作管理办法》，自 2008 年 1 月 1 日起施行。

（11）《林业行政处罚案件文书制作管理规定》，自 2005 年 7 月 1 日起施行。

（12）《林业统计管理办法》，自 2005 年 7 月 1 日起施行。

（13）《营利性治沙管理办法》，自 2004 年 9 月 1 日起施行。

（14）《林业标准化管理办法》，自 2003 年 9 月 1 日起施行，2011 年 1 月 25 日修正。

（15）《占用征用林地审核审批管理规范》，自 2003 年 8 月 14 日起施行。

（16）《占用征用林地审核审批管理办法》，自 2001 年 1 月 4 日起施行。

（17）《林业行政执法证件管理办法》，自 1997 年 1 月 6 日起施行。

（18）《林木林地权属争议处理办法》，自 1996 年 10 月 14 日起施行。

（19）《林业行政执法监督办法》，自 1996 年 10 月 1 日起施行。

（20）《林业行政处罚程序规定》，自 1996 年 10 月 1 日起施行。

6. 林场、森林公园与保护区

（1）《国有林场职工绩效考核办法》，自 2020 年 3 月 9 日起施行。

（2）《国家级森林公园总体规划审批管理办法》，自 2019 年 8 月 1 日起施行。

（3）《国家级文化生态保护区管理办法》，自 2019 年 3 月 1 日起施行。

（4）《在国家级自然保护区修筑设施审批管理暂行办法》，自 2018 年 4 月 15 日起施行。

（5）《湿地保护管理规定》，自 2013 年 5 月 1 日起施行，2017 年 12 月 5 日修正。

（6）《森林公园管理办法》，自 1994 年 1 月 22 日起施行，2016 年 9 月 22 日修正。

（7）《国有林场管理办法》，自 2011 年 11 月 11 日起施行。

（8）《国家级森林公园管理办法》，自 2011 年 8 月 1 日起施行。

（9）《国家级森林公园监督检查办法》，自 2009 年 9 月 7 日起施行。

（10）《国家级森林公园设立、撤销、合并、改变经营范围或者变更隶属关系审批管理办法》，自 2005 年 7 月 20 日起施行。

（11）《森林和野生动物类型自然保护区管理办法》，自 1985 年 7 月 6 日起施行。

7. 林业财务核算

（1）《国家储备林贷款业务规程（试行）》，自 2020 年 7 月 16 日起施行。

（2）《林业改革发展资金管理办法》，自 2020 年 6 月 2 日起施行。

（3）《完善退耕还林政策补助资金管理办法》，自 2020 年 4 月 3 日起施行。

（4）《林业草原生态保护恢复资金管理办法》，自 2020 年 4 月 24 日起施行。

（5）《国有林场（苗圃）财务制度》，自 2018 年 1 月 1 日起执行。

（6）《国有贫困林场扶贫资金管理办法》，自 2005 年 7 月 4 日起施行。

（7）《退耕还林工程现金补助资金管理办法》，自 2003 年 1 月 1 日起施行。

（8）《陆生野生动物资源保护管理费收费办法》，自 1993 年 1 月 1 日起施行。

8. 林业科技

（1）《国家林业草原工程技术研究中心管理办法》，自 2019 年 9 月 26

日起施行。

（2）《国家林业和草原长期科研基地管理办法》，自 2019 年 3 月 1 日起施行。

（3）《林业固定资产投资建设项目管理办法》，自 2015 年 5 月 1 日起施行。

（4）《国家林业局产品质量检验检测机构管理办法》，自 2008 年 1 月 1 日起施行，2015 年 4 月 30 日修正。

（5）《林业公益性行业科研专项管理实施细则》，自 2014 年 3 月 5 日起施行。

（6）《林业生物能源原料基地检查验收办法》，自 2011 年 5 月 4 日起施行。

（7）《国家林业生物产业基地认定办法》，自 2009 年 12 月 3 日起施行。

9. 其他综合性

（1）《国家林业和草原局新闻发布工作管理办法》，自 2019 年 9 月 26 日起施行。

（2）《中国森林旅游节管理办法》，自 2018 年 6 月 1 日起施行。

（3）《集体林权制度改革档案管理办法》，自 2013 年 6 月 22 日起施行。

（4）《林业重点工程档案管理办法》，自 2001 年 12 月 11 日起施行。

8.3 林业名录

8.3.1 植物名录

（1）《国家重点保护野生植物名录（第一批）》[①]，自 1999 年 9 月 9 日起施行。

（2）《国家重点保护野生植物名录（第一批）修正案》，自 2001 年 8 月 4 日起施行。

---

① 国家林业和草原局加快推进调整和修订《国家重点保护野生植物名录》工作，已于 2020 年 7 月征求社会意见，新调整后的名录将尽快公布。

（3）《中华人民共和国主要林木目录（第一批）》，自 2001 年 6 月 1 日起施行。

（4）《中华人民共和国主要林木目录（第二批）》，自 2016 年 9 月 20 日起施行。

（5）《中华人民共和国林业植物新品种保护名录（第一批）》，自 1999 年 4 月 22 日起施行。

（6）《中华人民共和国植物新品种保护名录（林业部分）（第二批）》，自 2000 年 2 月 2 日起施行。

（7）《中华人民共和国植物新品种保护名录（林业部分）（第三批）》，自 2003 年 1 月 1 日起施行。

（8）《中华人民共和国植物新品种保护名录（林业部分）（第四批）》，自 2004 年 11 月 1 日起施行。

（9）《中华人民共和国植物新品种保护名录（林业部分）（第五批）》，自 2013 年 4 月 1 日起施行。

（10）《中华人民共和国植物新品种保护名录（林业部分）（第六批）》，自 2016 年 11 月 30 日起施行。

（11）《林木良种名录》，自 2016 年 7 月 4 日起施行。

（12）《中国主要栽培珍贵树种参考名录（2017 年版）》，自 2017 年 11 月 9 日起施行。

8.3.2　动物名录

（1）《国家重点保护野生动物名录》，自 1989 年 1 月 14 日起施行，历经 1993 年、2003 年、2019 年等多次调整。国家林业和草原局、农业农村部正在加快推进调整和修订《国家重点保护野生动物名录》工作，已于 2020 年 7 月征求社会意见，新调整后的名录将尽快公布。

（2）《人工繁育国家重点保护陆生野生动物名录（第一批）》，自 2017 年 7 月 1 日实施。

（3）《国家保护的有益的或者有重要经济、科学研究价值的陆生野生动物名录》，自 2000 年 8 月 1 日实施，2017 年修订为《国家保护的有重要生态、科学、社会价值的陆生野生动物名录》（简称《"三有"名录》）。

8.4 林业标准

8.4.1 编修情况

林业标准是标准体系的重要组成部分，制定、完善和实施林业标准是国家生态文明建设和经济发展对林业的基本要求。林业行业标准体系涵盖林业行业和事业建设发展的各个领域。林业行业标准会根据社会经济形势变化以及林业行业发展情况等的需要，进行不定期的整理、修订、新制定或者废止。表 8 - 1 汇总了 2016 年 1 月 1 日至 2020 年 7 月 30 日我国林业行业标准的废止情况；表 8 - 2 汇总了 2016 年 1 月 1 日至 2020 年 7 月 30 日我国林业行业标准的新制定和修订情况。

表 8 - 1　　　　　　　　　**林业行业标准废止情况**

发布部门	发布文号	项数	发布日期	废止日期
国家林业局	2017 年第 6 号公告	10	2017 年 2 月 17 日	2017 年 2 月 17 日
国家林业和草原局	2018 年第 14 号公告	70	2018 年 9 月 4 日	2018 年 9 月 4 日
国家林业和草原局	2019 年第 9 号公告	30	2019 年 3 月 15 日	2019 年 3 月 15 日
国家林业和草原局	2020 年第 10 号公告	24	2020 年 5 月 12 日	2020 年 5 月 12 日
合计	4 项公告	134		

表 8 - 2　　　　　　　　　**林业行业标准制定和修订情况**

发布部门	发布文号	项数	发布日期	实施日期
国家林业局	2016 年第 1 号公告	73	2016 年 1 月 18 日	2016 年 6 月 1 日
国家林业局	2016 年第 17 号公告	109	2016 年 7 月 27 日	2016 年 12 月 1 日
国家林业局	2016 年第 19 号公告	33	2016 年 10 月 19 日	2017 年 1 月 1 日
国家林业局	2016 年第 20 号公告	19	2016 年 12 月 21 日	2017 年 3 月 1 日
国家林业局	2017 年第 11 号公告	116	2017 年 6 月 5 日	2017 年 9 月 1 日
国家林业局	2017 年第 18 号公告	48	2017 年 10 月 27 日	2018 年 1 月 1 日
国家林业局	2018 年第 5 号公告	60	2018 年 2 月 27 日	2018 年 6 月 1 日
国家林业和草原局	2018 年第 18 号公告	120	2018 年 12 月 29 日	2019 年 5 月 1 日
国家林业和草原局	2019 年第 17 号公告	98	2019 年 10 月 23 日	2020 年 4 月 1 日
国家林业和草原局	2020 年第 6 号公告	52	2020 年 3 月 30 日	2020 年 10 月 1 日
合计	10 项公告	728		

需要注意的是，表 8-2 中的 728 项标准中，后续分别有 4 项被 2018 年第 14 号公告（废止其中 2 项）和 2020 年第 10 号公告（废止其中 2 项）废止，现行实施有效的林业行业标准共计 724 项。另外，2020 年我国林业行业标准制修订项目计划 122 项，国家林业和草原局已经下达任务通知，报批年度为 2021 年，具体编修情况见附录 I 。

8.4.2　分类归纳

林业行业标准涵盖国家森林乡村建设、生态修复、营造林、森林经营、草原保护与修复、湿地保护、荒漠化防治、自然保护地与国家公园、野生动植物保护与繁育、森林草原防火、林业有害生物防治、国家储备林、经济林培育、植物新品种、碳汇计量、竹木加工、林产化工、机械装备、林业信息化、森林认证等各类领域。此处，依据内容和性质进行林业行业标准的析类汇编，2016 年 1 月 1 日至 2020 年 7 月 30 日发布且现行有效的 724 项林业行业标准的领域分布情况如表 8-3 所示，同时详细的林业行业标准信息具体见附录 II 所示。

表 8-3　　　　　　　　　　林业行业标准领域分布情况

类型划分	2016 [01]	2016 [17]	2016 [19]	2016 [20]	2017 [11]	2017 [18]	2018 [05]	2018 [18]	2019 [17]	2020 [06]	合计
荒漠化防治	0	1	0	2	1	0	3	4	0	0	11
机械设备	1	26	0	0	10	0	0	31	8	1	77
经济林与花卉培育	5	13	11	6	24	4	7	17	5	5	97
林场、公园与保护区	2	2	0	0	0	2	2	0	0	3	11
林木栽培技术	1	3	4	0	4	2	13	0	1	0	28
林下经济与非木质经营	2	2	2	1	2	0	0	11	5	0	25
林业信息化	0	5	0	0	0	13	0	0	3	2	23
林业有害生物防治	3	4	0	4	13	2	2	7	7	1	43
森林防火	10	7	0	0	7	0	0	0	0	0	24

续表

类型划分	2016 [01]	2016 [17]	2016 [19]	2016 [20]	2017 [11]	2017 [18]	2018 [05]	2018 [18]	2019 [17]	2020 [06]	合计
森林基地	0	0	0	0	4	0	2	0	0	0	6
森林经营	1	1	2	0	4	2	2	0	1	0	13
森林认证	5	0	0	0	0	0	0	1	4	0	10
森林生态保护与修复	3	2	0	0	4	8	1	4	2	5	29
森林调查与测树	0	11	0	0	0	2	0	0	2	1	16
野生动植物保护与繁育	2	4	2	3	5	1	6	1	5	3	32
营造林	7	3	4	0	4	1	2	4	0	2	27
育苗技术	16	3	3	1	2	1	13	13	7	0	59
植物新品种	5	0	4	0	3	0	0	4	6	6	28
竹木加工与林产化工	8	20	0	2	29	9	6	23	41	21	159
其它	0	0	1	0	0	1	1	0	1	2	6
合计	71	107	33	19	116	48	60	120	98	52	724

8.5 林业政策

8.5.1 林权林属

（1）《自然资源部办公厅 国家林业和草原局办公室关于进一步规范林权类不动产登记做好林权登记与林业管理衔接的通知》，2020 年 6 月 3 日发布，2020 年 7 月 1 日起实施。

（2）《国家林业和草原局 国家市场监督管理总局关于印发集体林地承包合同和集体林权流转合同示范文本的通知》，2020 年 5 月 7 日发布实施。

（3）《国务院办公厅关于完善集体林权制度的意见》，2016 年 11 月 16 日发布实施。

（4）《国家林业局关于省级公益林流转及林权登记发证问题的复函》，

2013 年 9 月 26 日发布实施。

（5）《中国银监会 国家林业局关于林权抵押贷款的实施意见》，2013 年 7 月 5 日发布实施。

（6）《国家林业局办公室关于严厉打击侵犯植物新品种权行为的通知》，2012 年 5 月 11 日发布实施。

（7）《国家林业局办公室关于林木采伐限额和年度木材生产计划直接下达到集体林权制度改革试点县（市）的复函》，2009 年 12 月 11 日发布实施。

（8）《中国人民银行 财政部 银监会等关于做好集体林权制度改革与林业发展金融服务工作的指导意见》，2009 年 5 月 25 日发布实施。

（9）《国家林业局关于国有林业局与地方林权争议调处问题的复函》，2009 年 2 月 19 日发布实施。

（10）《国家林业局关于做好集体林权制度改革培训工作的意见》，2008 年 7 月 28 日发布实施。

（11）《国家林业局关于加强集体林权制度改革宣传的通知》，2008 年 7 月 14 日发布实施。

（12）《国家林业局关于学习贯彻〈中共中央、国务院关于全面推进集体林权制度改革的意见〉的通知》，2008 年 7 月 4 日发布实施。

（13）《中共中央 国务院关于全面推进集体林权制度改革的意见》，2008 年 6 月 8 日发布实施。

（14）《国家林业局关于进一步加强森林资源管理促进和保障集体林权制度改革的通知》，2007 年 12 月 9 日发布实施。

（15）《国家林业局关于开展林权登记发证检查整顿工作的通知》，2007 年 5 月 17 日发布实施。

（16）《国家林业局 司法部 全国普及法律常识办公室关于在"五五"普法期间切实加强集体林权制度改革相关法律法规宣传教育的通知》，2007 年 4 月 17 日发布实施。

（17）《国家林业局关于进一步加强和规范林权登记发证管理工作的通知》，2007 年 2 月 28 日发布实施。

8.5.2　林场与林业企业

（1）《国家林业和草原局关于公布第四批国家林业重点龙头企业名单的

通知》，2019 年 11 月 25 日发布实施。

（2）《国家林业局关于认定核桃、油茶生物产业基地的复函》，2013 年 3 月 25 日发布实施。

（3）《国家林业局关于国营林场自建水库占用林地有关问题的复函》，2013 年 3 月 8 日发布实施。

（4）《国家林业局关于加强国有林场森林资源管理保障国有林场改革顺利进行的意见》，2012 年 10 月 29 日发布实施。

（5）《国家林业局关于加强乡镇林业工作站工作人员廉洁履行职责的若干规定》，2012 年 7 月 6 日发布实施。

（6）《国家林业局造林绿化管理司关于加快推进森林抚育经营年度生产进度的通知》，2012 年 6 月 19 日发布实施。

（7）《国家发展改革委办公厅 国家林业局办公室关于开展全国国有林场改革试点工作的复函》，2011 年 10 月 17 日发布实施。

8.5.3 造林与植树绿化

（1）《国家林业和草原局关于积极应对新冠肺炎疫情有序推进 2020 年国土绿化工作的通知》，2020 年 2 月 28 日发布实施。

（2）《国家林业和草原局关于印发〈乡村绿化美化行动方案〉的通知》，2019 年 3 月 25 日发布实施。

（3）《全国绿化委员会 国家林业和草原局关于切实做好 2019 年国土绿化工作的通知》，2019 年 3 月 7 日发布实施。

（4）《国家林业和草原局办公室、国家发展改革委办公厅、国务院扶贫办综合司关于推广扶贫造林（种草）专业合作社脱贫模式的通知》，2018 年 11 月 3 日发布实施。

（5）《国家发展改革委 水利部 自然资源部 林草局关于加快推进长江两岸造林绿化的指导意见》，2018 年 9 月 25 日发布实施。

（6）《住房城乡建设部关于印发园林绿化工程消耗量定额的通知》，2018 年 12 月 1 日发布实施。

（7）《关于国家沙化土地封禁保护区名单的公告》，2018 年 8 月 4 日发布实施。

（8）《住房城乡建设部关于印发全国园林绿化养护概算定额的通知》，

2018 年 3 月 12 日发布实施。

（9）《国家发展改革委 国家林业局关于加强长江经济带造林绿化的指导意见》，2016 年 2 月 24 日发布实施。

（10）《全国绿化委员会 国家林业局关于扎实有效开展全民义务植树的通知》，2015 年 3 月 20 日发布实施。

8.5.4 森林防火

（1）《国家林业和草原局办公室关于做好 2020 年全国防灾减灾日有关工作的通知》，2020 年 4 月 26 日发布实施。

（2）《国家林业和草原局关于进一步加强草原禁牧休牧工作的通知》，2020 年 4 月 2 日发布实施。

（3）《国家森林草原防灭火指挥部办公室关于发布森林火险黄色和橙色预警的通知》，2019 年 9 月 30 日发布实施。

（4）《国家森林草原防灭火指挥部办公室关于切实做好夏季雷击火灾防控工作的紧急通知》，2019 年 6 月 13 日发布实施。

（5）《国家森林草原防灭火指挥部办公室、应急管理部、国家林业和草原局关于开展春防关键期森林草原消防安全大检查的通知》，2019 年 4 月 25 日发布实施。

（6）《国家森林草原防灭火指挥部办公室关于发布高森林火险红色预警的通知》，2019 年 4 月 1 日发布实施。

（7）《国家森林草原防灭火指挥部办公室关于学习借鉴黑龙江省做法全力做好春季森林草原防灭火工作的通知》，2019 年 3 月 6 日发布实施。

（8）《国家森林防火指挥部办公室关于切实做好当前森林防火工作确保扑火安全的紧急通知》，2017 年 4 月 4 日发布实施。

8.5.5 森林采伐更新

（1）《国家林业和草原局关于深入推进林木采伐"放管服"改革工作的通知》，2019 年 11 月 8 日发布实施。

（2）《国家林业局关于切实加强"十三五"期间年森林采伐限额管理的通知》，2016 年 2 月 26 日发布实施。

（3）《国家林业局关于做好东北内蒙古重点国有林区 2015 年度森林采伐管理工作的通知》，2014 年 12 月 15 日发布实施。

（4）《国家林业局关于人工培育的珍贵树木采伐管理有关问题的复函》，2013 年 12 月 6 日发布实施。

（5）《国家林业局关于林木采伐过程中"监督管理"内涵的复函》，2011 年 11 月 10 日发布实施。

（6）《国家林业局关于进一步深化森林采伐管理改革试点工作的通知》，2011 年 11 月 3 日发布实施。

8.5.6 森林资源保护

（1）《国家林业和草原局关于组织实施〈妥善处置在养野生动物技术指南〉的函》，2020 年 5 月 27 日发布实施。

（2）《国家林业和草原局与农业农村部对部分国家重点保护野生植物的监督管理职责调整的公告》，2020 年 4 月 21 日发布实施。

（3）《市场监管总局 农业农村部 国家林草局关于禁止野生动物交易的公告》，2020 年 1 月 26 日发布实施。

（4）《国家林业和草原局公告（2020 年第 7 号）——继续严格禁止进口象牙及其制品》，2020 年 4 月 15 日发布实施。

（5）《国家林业和草原局公告（2020 年第 4 号）——2020 年松材线虫病疫区》，2020 年 2 月 28 日发布实施。

（6）《国家林业和草原局关于统筹推进新冠肺炎疫情防控和经济社会发展做好建设项目使用林地工作的通知》，2020 年 2 月 28 日发布实施。

（7）《国家林业和草原局关于认真做好 2020 年春季沙尘暴灾害应急处置工作的通知》，2020 年 2 月 25 日发布实施。

（8）《国家林业和草原局公告（2020 年第 3 号）——2020 年美国白蛾疫区》，2020 年 2 月 24 日发布实施。

（9）《全国人民代表大会常务委员会关于全面禁止非法野生动物交易、革除滥食野生动物陋习、切实保障人民群众生命健康安全的决定》，2020 年 2 月 24 日发布实施。

（10）《国家林业和草原局关于规范风电场项目建设使用林地的通知》，2019 年 2 月 26 日发布施行。

（11）《国家林业和草原局关于切实加强鸟类保护的通知》，2020 年 1 月 22 日发布实施。

（12）《国家林业和草原局公告（2019 年第 20 号）——全国林业有害生物普查情况》，2019 年 12 月 12 日发布实施。

（13）《中共中央办公厅 国务院办公厅印发〈天然林保护修复制度方案〉》，2019 年 7 月 23 日发布实施。

（14）《国家林业和草原局关于山西太行洪谷等 77 个国家级森林公园总体规划的批复》，2019 年 2 月 14 日发布实施。

（15）《国家沙化土地封禁保护区名单》，2019 年 1 月 23 日发布实施。

（16）《国家林业和草原局办公室关于在国家级自然保护区加挂国家级野生动物疫源疫病监测站牌子的通知》，2018 年 6 月 5 日发布实施。

（17）《国家林业局关于公布第二批国家林木种质资源库的通知》，2016 年 10 月 27 日发布实施。

（18）《国家林业局办公室关于切实做好春季候鸟等野生动物保护及宣传活动的通知》，2016 年 3 月 8 日发布实施。

（19）《全国绿化委员会关于进一步加强古树名木保护管理的意见》，2016 年 2 月 2 日发布实施。

（20）《〈濒危野生动植物种国际贸易公约〉第 16 届缔约国大会采纳的对附录 I、附录 II 及若干注释的修订》，2013 年 6 月 6 日发布实施。

（21）《国家林业局关于加快推进县级林地保护利用规划审查审批工作的通知》，2013 年 3 月 15 日发布实施。

8.5.7　森林案件与林业执法

（1）《国家林业和草原局办公室关于做好林草行政执法与生态环境保护综合行政执法衔接的通知》，2020 年 4 月 10 日发布实施。

（2）《国家林业和草原局公告（2020 年第 5 号）——取消在森林和野生动物类型国家级自然保护区实验区修筑设施审批事项部分申请材料》，2020 年 3 月 23 日发布实施。

（3）《国家林业和草原局关于贯彻实施新修订森林法的通知》，2020 年 2 月 20 日发布实施。

（4）《国家林业和草原局办公室关于公布〈国家林业局关于全面推进

林业法治建设的实施意见〉修改情况的通知》，2019 年 7 月 22 日发布施行。

（5）《国家林业局关于森林公安机关办理林业行政案件有关问题的通知》，2013 年 12 月 5 日发布，2014 年 1 月 1 日实施。

（6）《最高人民检察院关于对林业主管部门工作人员在发放林木采伐许可证之外滥用职权玩忽职守致使森林遭受严重破坏的行为适用法律问题的批复》，2007 年 5 月 16 日发布实施。

8.5.8　非木质资源利用与经营

（1）《国家林业和草原局办公室 民政部办公厅 国家卫生健康委员会办公厅 国家中医药管理局办公室关于公布国家森林康养基地（第一批）名单的通知》，2020 年 6 月 2 日发布实施。

（2）《国家林业和草原局改革发展司关于抗击新冠肺炎疫情促进经济林和林下经济产品产销对接解决产品卖难问题的通知》，2020 年 2 月 27 日发布实施。

（3）《国家林业和草原局、民政部、国家卫生健康委员会、国家中医药管理局关于促进森林康养产业发展的意见》，2019 年 3 月 6 日发布施行。

（4）《国家林业和草原局办公室关于公布国家林下经济示范基地名单的通知》，2019 年 2 月 26 日发布施行。

8.5.9　其他综合性政策

（1）《国家林业和草原局关于促进林业和草原人工智能发展的指导意见》，2019 年 11 月 8 日发布实施。

（2）《国家林业和草原局关于推进种苗事业高质量发展的意见》，2019 年 8 月 20 日发布施行。

（3）《国家林业和草原局办公室关于印发贯彻落实〈国家林业和草原局关于促进林草产业高质量发展的指导意见〉任务分工方案》的通知，2019 年 7 月 22 日发布施行。

（4）《国家林业和草原局关于促进林草产业高质量发展的指导意见》，2019 年 2 月 14 日发布施行。

8.6　林业规划与方案

8.6.1　林业类

（1）《全国沿海防护林体系建设工程规划（2016—2025 年)》，自 2017 年 5 月 4 日起施行。

（2）《全国森林防火规划（2016—2025 年)》，自 2016 年 12 月 19 日起施行。

（3）《全国森林经营规划（2016—2050 年)》，自 2016 年 7 月 6 日起施行。

（4）《国有林场改革方案》，自 2015 年 3 月 17 日起施行。

（5）《国有林区改革指导意见》，自 2015 年 3 月 17 日起施行。

（6）《全国集体林地林下经济发展规划纲要（2014—2020 年)》，2015 年 1 月实施。

（7）《全国林业生物质能源发展规划（2011—2020 年)》，自 2013 年 5 月 28 日起施行。

（8）《长江流域防护林体系建设三期工程规划（2011—2020 年)》，自 2013 年 4 月 8 日起施行。

（9）《全国林地保护利用规划纲要（2010—2020 年)》，自 2010 年 7 月 25 日起施行。

8.6.2　其他综合性规划

（1）《全国乡村产业发展规划（2020—2025 年)》，2020 年 7 月 9 日发布实施。

（2）《全国重要生态系统保护和修复重大工程总体规划（2021—2035 年)》，2020 年 6 月 3 日发布实施。

（3）《美丽中国建设评估指标体系及实施方案》，2020 年 2 月 28 日发布实施。

（4）《自然资源领域中央与地方财政事权和支出责任划分改革方案》，

自 2020 年 1 月 1 日起实施。

（5）《乡村绿化美化行动方案》，自 2019 年 3 月 25 日起施行。

（6）《全国主体功能区规划》，自 2010 年 12 月 21 日起施行。

8.7　福建省相关林业法规与政策

福建省是我国重点林业省份之一，拥有巨大的森林资源优势和林业产业竞争力。林业产业产值在福建省内陆部分地市的经济总量中占有很大比重，各项林业财政投入也在政府公共支出中占据重要位置。同时，福建省也是森林资源审计工作的活跃地区之一。本节以福建省为例，对其省级层面的审计依据进行分类汇编，为福建省的森林资源审计工作提供重要参考。

8.7.1　地方法规

（1）《福建省林业有害生物防治条例》，自 2019 年 1 月 1 日起施行。

（2）《福建省生态文明建设促进条例》，自 2018 年 11 月 1 日起施行。

（3）《福建省生态公益林条例》，自 2018 年 11 月 1 日起施行。

（4）《福建省人民代表大会常务委员会关于修改部分涉及生态文明建设和环境保护地方性法规的决定》（含《福建省森林条例》），自 2018 年 3 月 31 日施行。

（5）《福建省海岸带保护与利用管理条例》，自 2018 年 1 月 1 日起施行。

（6）《福建省人民代表大会常务委员会关于修改〈福建省森林和野生动物类型自然保护区管理条例〉的决定》，自 2017 年 11 月 24 日起施行。

（7）《福建省风景名胜区条例》，自 2015 年 8 月 1 日起施行。

（8）《福建省农民专业合作社条例》，自 2015 年 6 月 1 日起施行。

（9）《福建省水土保持条例》，自 2014 年 7 月 1 日起施行。

（10）《福建省森林防火条例》，自 2013 年 12 月 1 日起施行。

（11）《福建省人民代表大会常务委员会关于促进生态文明建设的决定》，自 2010 年 5 月 27 日起施行。

（12）《福建省林权登记条例》，自 2010 年 3 月 1 日起施行。

（13）《福建省林木林地权属争议处理条例》，自 2008 年 10 月 1 日起施行。

（14）《福建省森林资源流转条例》，2005 年 9 月 29 日修订，自 2005 年 12 月 1 日起施行。

（15）《福建省森林条例》，自 2002 年 1 月 1 日起施行。

（16）《福建省沿海防护林条例》，自 1995 年 9 月 29 日公布施行。

8.7.2　部门规章

（1）《武夷山国家公园特许经营管理暂行办法》，2020 年 6 月 22 日公开发布。

（2）《福建省生态公益林区划界定和调整办法》，自 2020 年 2 月 12 日起施行。

（3）《福建省采集或者采伐国家重点保护天然林木种质资源审批管理办法》，自 2019 年 10 月 28 日起施行。

（4）《福建省林业有害生物防治服务组织信用评价实施办法（试行）》，自 2019 年 4 月 25 日起施行。

（5）《森林采伐管理办法》，自 2019 年 3 月 12 日起实施。

（6）《福建省国有森林资源资产有偿使用办法（试行）》，自 2018 年 12 月 18 日起施行。

（7）《福建省省级湿地公园管理办法》，自 2018 年 12 月 1 日起施行。

（8）《福建省省级财政竹产业发展专项资金管理办法》，自 2018 年 10 月 23 日起施行。

（9）《福建省林业科技补助项目实施管理办法》，自 2018 年 9 月 19 日起施行。

（10）《福建省湿地名录管理办法（暂行）》，自 2018 年 7 月 11 日起施行。

（11）《福建省湿地占补平衡暂行管理办法》，自 2018 年 7 月 2 日起施行。

（12）《福建省国有林场森林资源管理办法（试行）》，自 2018 年 6 月 29 日起施行。

（13）《福建省林木种子生产经营管理办法》，自 2018 年 1 月 1 日起施行。

（14）《福建省人民政府关于修改部分涉及生态文明建设和环境保护规章的决定》（含《福建武夷山国家级自然保护区管理办法》），自 2017 年 11 月 21 日之日起施行。

（15）《福建省国有林场管理办法》，自 2018 年 1 月 1 日起施行。

（16）《福建省林业随机抽查工作细则》，自 2017 年 9 月 30 日起施行。

（17）《福建省省级以上财政林业专项资金管理办法》，自 2017 年 8 月 22 日起施行。

（18）《福建省属国有林场场长森林资源离任审计办法（试行）》，自 2017 年 2 月 16 日起施行。

（19）《福建省重点林木良种基地管理办法》，自 2016 年 12 月 19 日起施行。

（20）《福建省森林公园认定办法》，自 2016 年 11 月 14 日起施行。

（21）《福建省国有贫困林场扶贫资金管理实施办法》，自 2016 年 9 月 12 日起施行。

（22）《福建省森林公园管理办法》，自 2015 年 7 月 1 日起施行。

8.7.3　省政府文件

（1）《福建省人民政府办公厅关于全面禁止非法野生动物交易、革除滥食野生动物陋习、切实保障人民群众生命健康安全的通知》，2020 年 3 月 11 日公开发布。

（2）《中共福建省委　福建省人民政府关于深化集体林权制度改革加快国家生态文明试验区建设的意见》，2017 年 10 月 1 日公开发布。

（3）《福建省人民政府办公厅关于统筹推进 2019 年造林绿化工作的通知》，2018 年 12 月 7 日公开发布。

（4）《福建省人民政府办公厅转发国务院办公厅关于完善集体林权制度意见的通知》，2016 年 11 月 16 日公开发布。

（5）《福建省人民政府办公厅关于进一步加强乡镇林业工作站建设的意见》，2016 年 9 月 16 日公开发布。

（6）《福建省人民政府办公厅关于持续深化集体林权制度改革六条措施的通知》，2016 年 6 月 16 日公开发布。

（7）《福建省人民政府关于推进林业改革发展加快生态文明先行示范区建设九条措施的通知》，2015 年 6 月 4 日公开发布。

8.7.4　部门文件

（1）《关于印发省级公益林中桉树采伐改造方案的通知》，2020 年 4 月 26 日公开发布。

（2）《关于发布福建省第三批主要栽培珍贵树种参考名录的通告》，2020 年 3 月 11 日公开发布。

（3）《关于 2019 年审（认）定通过林木品种的通告》，2019 年 12 月 18 日公开发布。

（4）《关于加快林下经济发展八条措施的通知》，2019 年 5 月 30 日公开发布。

（5）《关于进一步加强森林公园管理的通知》，2018 年 3 月 9 日公开发布。

（6）《关于规范树木采挖移植和珍贵树木保护管理的通知》，2017 年 12 月 20 日公开发布。

（7）《关于进一步做好森林综合保险工作的通知》，2017 年 10 月 31 日公开发布。

（8）《关于做好省级以上财政林业专项资金绩效管理工作的通知》，2017 年 9 月 30 日公开发布。

（9）《关于确定福建省主要林木的通告》，2017 年 8 月 21 日公开发布。

（10）《关于印发林业行政处罚裁量规则和基准的通知》，2017 年 6 月 6 日公开发布。

（11）《关于做好珍贵树木采伐审批等行政审批和服务事项衔接工作的通知》，2017 年 5 月 28 日公开发布。

（12）《关于加强林业有害生物社会化防治管理工作的通知》，2016 年 2 月 26 日公开发布。

8.7.5　地方林业标准

为全面推进福建省林业标准化工作、提升林业标准化水平以及建立林业标准化体系，福建省林业局科技处组织省林业科学研究院等有关单位专家收集整理适用于福建省林业发展的国家标准、行业标准，以及现行有效的省地方标准，编制完成了《福建省林业标准体系》，以利于指导、规范、协调各级林业主管部门有计划、有步骤地开展林业标准化工作。《福建省林业标准体系》已经于 2019 年 12 月 12 日通过文件《福建省林业局关于印发〈福建省林业标准体系〉的通知》正式印发。福建省林业标准体系将体系分为林业基础、森林培育与保护、生物多样性保护、林业产业、行政管理与服务、其他六个标准分体系，具体框架如图 8-2 所示。

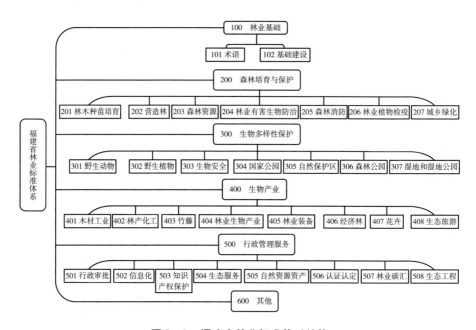

图 8-2　福建省林业标准体系结构

资料来源：《福建省林业局关于印发〈福建省林业标准体系〉的通知》，福建省林业局网站，2019 年 12 月 12 日。

8.7.6　林业规划与方案

（1）《武夷山国家公园资源环境管理相对集中行政处罚权工作方案》，2020 年 5 月 9 日。

（2）《关于加快推进森林康养产业发展的意见》，2020 年 2 月 26 日。

（3）《应对新型病毒感染肺炎疫情涉林防控工作实施方案》，2020 年 1 月 28 日。

（4）《武夷山国家公园总体规划及专项规划（2017—2025 年）》，2019 年 12 月 25 日。

（5）《福建省沿海防护林体系建设工程规划（2016—2025 年）》，2019 年 7 月 15 日。

（6）《福建省森林防火规划（2016—2025 年）》，2018 年 2 月 11 日。

（7）《福建省国有贫困林场"十三五"扶贫规划》，2017 年 11 月 9 日。

（8）《福建省林竹千亿元产业实施方案》，2017 年 9 月 30 日。

（9）《福建省花卉苗木千亿元产业实施方案》，2017 年 9 月 30 日。

（10）《国家生态文明试验区（福建）实施方案》，2016 年 8 月 22 日。

（11）《福建省"十三五"标准化林业站建设实施方案》，2017 年 4 月 9 日。

（12）《福建省林业科技创新"十三五"规划》，2017 年 1 月 25 日。

（13）《森林综合保险方案》，2016 年 4 月 18 日。

（14）《福建省"十三五"林业发展专项规划》，2016 年 4 月 12 日。

8.8　本章小结

林业行业是一类技术性、政策性和时效性很强的建设事业。同时，林业行业的管理体制与其他事业和领域相比，也更具特殊性。这也就导致森林资源审计工作的开展在选用恰当的审计依据时，面临庞杂、多元和多变的困扰。

将森林资源审计依据划分为源自国家层面的审计依据以及源自地方层面的审计依据。本章对源自国家层面的审计依据进行分类归集，将之分成林业法规、林业名录、林业标准、林业政策、林业规划与方案五大类进行汇编；源自地方层面的审计依据，以福建省为例，将省级地方层面的审计依据分为地方法规、部门规章、省政府文件、部门文件、地方林业标准、林业规划与方案六大类展开汇编。森林资源审计实务工作中，应当针对被审计单位审计目的和审计内容等的具体情况，选择恰当和适用的审计依据，避免因"张冠李戴"形成不恰当甚至错误的森林资源审计意见与结论。

第 9 章

福建省森林资源、
生态建设及审计现况

首先，福建省森林资源优势明显，森林覆盖率居全国之冠，森林类型多样，野生动植物资源种类丰富，森林公园、自然保护区数量多、层级高，具备资源基础；其次，福建省地理区位优势特殊，是我国林业对台合作交流的前沿平台，同时也是全国南方重点集体林区，是我国南方地区重要的生态屏障，富有区位特色；再其次，福建省所获政策支持力度突出，国务院出台文件支持福建省建设全国第一个生态文明先行示范区，具有政策优势；最后，福建省涉林改革经验丰富，林业生产力和涉林经济发达，林业产值名列前茅，福建林业地位在全国可以说是举足轻重。本章重点梳理福建省森林资源、生态建设及审计现状，既呈现福建省在生态文明建设和开展自然资源资产审计的筚路蓝缕与累累硕果，同时也为下一章探讨福建省森林资源离任审计做好省情铺垫。

9.1 森林资源及经营管理情况

福建省是全国南方重点集体林区，也是我国南方地区重要的生态屏障。自然气候条件得天独厚，且区位优势明显，是我国林业对台合作交流的前沿平台。全省素有"八山一水一分田"之称。2019 年公布的第九次全国森林资源清查结果显示，福建森林覆盖率为 66.80%，已连续 40 年位列全国第一；森林面积 1.21 亿亩，森林蓄积 7.29 亿立方米，居全国第七位；与第八次全国森林资源清查相比，5 年间福建森林覆盖率提高 0.85 个百分点，森林面积净增加 150 万亩，森林蓄积增加 1.21 亿立方米。由此，福建已实现省委省政府提出的森林覆盖率继续保持全国首位和森林蓄积量增加的"十三五"规划目标。[①] 据统计，2019 年福建省实现林业产业总产值 6451 亿元，同比增长 8.9%，保持全国第三位。[②]

福建省林权制度改革（以下简称"林改"）是全国林改的一面旗帜。2002 年福建在全国率先开展了以"明晰产权、放活经营权、落实处置权、确保收益权"为主要内容的集体林权制度改革，2006 年又率先推进综合配套改革，有效调动了广大林农和社会参与林业建设的积极性，增强了林业发展活力。2013 年又在全国率先启动了全面深化林改工作，继续为全国探路子、出经验、做示范。

福建建设生态省成效明显，成为全国唯一水、大气、生态环境全优的省份。2002 年经原国家环保总局批准，福建成为生态省建设试点省份。2004 年福建省委、省政府印发实施《福建生态省建设总体规划纲要》。2010 年福建省人大常委会公布了《关于促进生态文明建设的决定》，建设生态省成为全省人民的共同意志。2014 年国务院正式印发《关于支持福建省深入实施生态省战略 加快生态文明先行示范区建设的若干意见》。福建省成为党的十八大以来，国务院确定的全国第一个生态文明先行示范区。一直以来，全省生态环境质量评比连续多年居全国前列，是全国生态环境、空气质量均为优的省份。

9.2　省级主体功能区规划情况

2012 年 12 月，历经六年时间编制的《福建省主体功能区规划》（以下简称《规划》）经福建省政府研究同意并印发执行。《规划》将福建省划分为四大功能区，强调不同区域要依据资源环境的承载能力确定功能定位，控制开发强度，规范开发次序，完善开发政策。这四大功能区包括优化开发区

---

① 张辉：《第九次全国森林资源清查结果公布　66.80%：福建森林覆盖率连续 40 年居全国首位》，载《福建日报》2019 年 1 月 7 日。

② 张辉：《2019 年福建省林业产业总产值预计达 6400 亿元 同比增长 8%》，载《福建日报》2020 年 1 月 18 日。

域、重点开发区域、限制开发区域、禁止开发区域。实施主体功能区战略，主要目标是到2020年，主体功能区布局基本形成，空间结构明显优化，利用效率显著提高，城乡区域差距明显缩小，基本建成科学发展之区、改革开放之区、文明祥和之区、生态优美之区。

优化开发区域主要包括福州、厦门和泉州三市的中心城区，把恢复生态、保护环境作为必须实现的约束性目标，切实严格保护林地，保护好城市之间的绿色开敞空间，加快城市森林生态系统建设，改善人居环境。重点开发区域是指国家层面的海西沿海城市群和省级层面的闽西北重点开发区域，要在优化结构、提高效益、降低消耗、保护环境的基础上推动经济可持续发展；限制开发区域功能定位是以提供生态服务为主、保障全省生态安全的重要区域，人与自然和谐相处的示范区；禁止开发区域是指有代表性的自然生态系统、珍稀濒危野生动植物的天然集中分布地、有特殊价值的自然遗迹所在地和文化遗址等，功能定位是保护自然文化资源的重要区域，珍稀动植物基因资源保护地。

9.3 生态文明建设历程与成就

9.3.1 生态文明建设历程

1. "生态省"战略阶段（2001～2013年）

早在21世纪初，时任福建省省长的习近平同志就前瞻性和战略性地提出要建设福建"生态省"的绿色构想，由此拉开了生态创建工作的序幕。2002年，福建省政府工作报告中明确提出建设"生态省"的战略目标。同年8月，国家环保总局批准福建省作为全国首批"生态省"建设的试点省份之一。2004年11月30日，福建省委、省政府印发《福建生态省建设总体规划纲要》。2010年6月，福建省人大常委会公布了《关于促进生态文明建设的决定》。2011年9月27日，福建省人民政府印发《福建生态省建设"十二五"规划》，进一步明确"十二五"时期加强福建"生态省"建设的目标、任务、重点和措施，将之作为引导和推进福建"生态省"建设的行动指南。

2. 生态文明先行示范区建设阶段（2014～2016 年上半年）

2014 年 3 月 10 日，国务院印发《关于支持福建省深入实施生态省战略 加快生态文明先行示范区建设的若干意见》，标志着福建"生态省"建设由地方决策上升为国家战略，步入创建全国生态文明先行示范区的新阶段。福建省成为全国第一个建设省级生态文明先行示范区的省份。同年 9 月，福建省委、省政府出台《贯彻落实〈国务院关于支持福建省深入实施生态省战略 加快生态文明先行示范区建设的若干意见〉的实施意见》，对加快生态文明先行示范区建设做出全面部署。2015 年，福建省委、省政府印发《福建省贯彻落实中央加快推进生态文明建设意见的实施方案》和《福建省生态文明体制改革实施方案》，要求将中央关于生态文明建设和体制改革的各项要求落实到"十三五"规划。2016 年 4 月 7 日，《福建省"十三五"生态省建设专项规划》经省政府研究同意并印发，进一步推进福建"生态省"战略深入实施，加快生态文明先行示范区建设。

3. 国家生态文明试验区确立实施阶段（2016 年下半年）

中共中央关于"十三五"的规划建议中，明确要求"设立统一规范的国家生态文明试验区"。2016 年 6 月 27 日，中央全面深化改革领导小组第二十五次会议审议通过了《关于设立统一规范的国家生态文明试验区的意见》和《国家生态文明试验区（福建）实施方案》，并于同年 8 月 12 日由中共中央办公厅、国务院办公厅印发。福建省再次历史性地成为全国首批国家生态文明试验区。9 月 18 日，福建省委、省政府召开视频会议，对推进国家生态文明试验区建设进行再动员再部署，要求切实把《国家生态文明试验区（福建）实施方案》落到实处。9 月下旬，福建省委、省政府正式印发《福建省贯彻落实〈国家生态文明试验区（福建）实施方案〉任务分工方案》，提出建立试验区建设协调推进工作机制，整合设立省生态文明试验区建设领导小组，负责统筹推进试验区建设各项工作，协调解决重大问题。标志着福建省生态文明建设再次迈上新的历史高度和层级台阶。《2016 年生态文明建设年度评价结果公报》公布，在国家首次发布的绿色发展指数中，福建生态文明建设年度评价结果居全国第二位。

4. 推进国家生态文明试验区建设阶段（2017 年至今）

作为首个国家生态文明试验区，福建各级各部门积极探索创新、先行先试，在多个领域深耕并形成一批可复制、可推广的典型经验。在 2017 年首批 11 项改革成果在全省推广并取得积极成效的基础上，2018 年 4 月福建省发展和改革委员会印发《国家生态文明试验区第二批改革成果复制推广实施方案》，公布了在全省推广的 7 项试验区改革成果。截至 2019 年 3 月，《国家生态文明试验区（福建）实施方案》部署的 38 项重点改革任务均已制定了专项改革方案并组织实施，其中 22 项改革任务已形成复制推广的制度成果；6 项已形成初步成果，正在探索形成经验；10 项全国统一部署的改革任务已基本完成。① "生态福建"已经再出发，展开了中国生态文明建设路径的具体探索。

9.3.2 生态文明建设成就

1. 国家级、省级生态市（县、区）建设情况

福建省的生态创建工作走在全国前列，生态成绩卓著。截至 2019 年，厦门、泉州、福州获国家生态市命名，漳州、三明获省级生态市命名；65 个市（县、区）获省级以上生态市（县、区）命名，其中 32 个县获国家生态县命名；519 个乡镇（街道）获国家级生态乡镇（街道）命名，获得命名的数量位居全国前列。② 2020 年 4 月，根据住房和城乡建设部相关文件认定的 2019 年国家生态园林城市名单，厦门市被正式命名为"国家生态园林城市"，这是福建省首个国家生态园林城市，是目前我国评价城市生态环境建设的最高荣誉。③

2019 年 3 月，福建省绿化委员会、省林业局联合命名邵武市大埠岗镇竹源村等首批 200 个村庄为福建省森林村庄，至 2022 年计划建成省级森林

---

① 钟自炜：《福建推进全国首个国家生态文明试验区建设》，人民网 – 人民日报，2019 年 3 月 7 日。

② 潘园园：《我省 5 地上榜第二批国家生态文明建设示范市县》，载《福建日报》2018 年 12 月 20 日。

③ 林丽明、陈挺：《厦门被命名为"国家生态园林城市"》，载《福建日报》2020 年 4 月 23 日。

村庄 1000 个以上。① 持续推进森林村庄建设成绩显著，截至 2019 年底已创建森林城市（县城、城镇）69 个、省级森林村庄 500 个（其中国家级森林乡村 346 个）。②

2. 国家生态文明建设示范市（县、区）获批情况

2017 年、2018 年、2019 年三批全省累计共 16 个市（县、区）获得国家生态文明建设示范市（县、区）称号，长汀县 2017 年被列为国家环境保护部第一批"绿水青山就是金山银山"实践创新基地之一，具体如表 10-1 所示。2020 年，福建省推荐厦门市、建宁县、顺昌县、武平县、宁化县、安溪县、邵武市申报第四批国家生态文明建设示范市县；同时推荐永春县、东山县、武夷山市、永泰县申报"绿水青山就是金山银山"实践创新基地。③

表 10-1　　　福建省获批国家生态文明建设示范市（县、区）情况

年度	批次	获批市（县、区）	数量	全国总数	占比（%）
2017	第一批	福州市永泰县、厦门市海沧区、三明市泰宁县、泉州市德化县、龙岩市长汀县	5	46	10.87
2018	第二批	厦门市思明区、泉州市永春县、三明市将乐县、南平市武夷山市、宁德市柘荣县	5	45	11.11
2019	第三批	泉州市鲤城区、三明市尤溪县、三明市光泽县、南平市松溪县、龙岩市上杭县、宁德市寿宁县	6	84	7.14
合计			16	175	9.14

资料来源：生态环境部官方网站。

3. 国家级、省级森林城市建设情况

福建省"十二五""十三五"林业发展专项规划均明确提出了全省创建国家森林城市、省级森林城市的工作目标。按照计划，福建省要在"十三五"期间实现"两个全覆盖"——9 个设区市和平潭综合实验区"国家森林城市"全覆盖；所有市县"省级森林城市"全覆盖。2019 年 11 月，福建

---

① 刘建波：《福建命名 200 个省级森林村庄》，载《中国绿色时报》2019 年 3 月 20 日。
② 福建省林业局：《2019 年全省林业工作情况》，福建省林业局官方网站，2020 年 6 月 10 日。
③ 福建省生态环境厅：《关于第四批国家生态文明建设示范市县及"绿水青山就是金山银山"实践创新基地拟推荐名单的公示》，福建省生态环境厅官方网站，2020 年 4 月 21 日。

省南平市、宁德市与平潭综合实验区由全国绿化委员会、国家林业和草原局宣布批准为国家森林城市，至此福建全省 9 个设区市和平潭综合实验区已全部晋级国家森林城市（见图 10 - 1）；南安市、石狮市、惠安县、东山县、漳浦县获批省级森林城市（县城），意味着福建省比"十三五"规划提前一年实现了"两个全覆盖"的目标。①

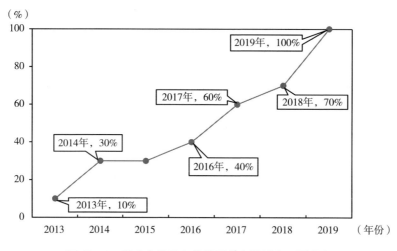

（%）
2019年，100%
2017年，60%
2018年，70%
2014年，30%
2016年，40%
2013年，10%

2013   2014   2015   2016   2017   2018   2019   （年份）

图 10 - 1　福建省设区市获批国家森林城市及覆盖率

截至 2019 年底，福建省有 14 个市县申请创建"国家森林城市"，其中 4 个已获备案；有 346 个村庄申报"国家森林乡村"，目前已完成省级评审，上报国家林业和草原局认定。② 2019 年 12 月，《长汀县国家森林城市建设总体规划（2019—2030 年）》正式通过专家评审，标志着长汀县建设国家森林城市工作将全面展开，长汀县成为福建全省首个启动国家森林城市创建的县级城市。③

4. 国家森林康养基地建设情况

发展森林康养是科学合理利用森林资源，践行绿水青山就是金山银山理念的有效途径，是实施健康中国和乡村振兴战略的重要措施。一直以来，福建省积极调动和发挥各部门优势，建立联动机制，强力推进森林康养基地建

---

①② 张辉：《满堂红！福建省九市一区全部晋级国家森林城市》，载《福建日报》2019 年 11 月 18 日。

③ 陈天长：《长汀创建国家森林城市总规评审通过》，载《闽西日报》2019 年 12 月 22 日。

设，为人民群众提供更加优质的森林康养产品。

截至 2020 年 7 月 30 日，福州市晋安区、龙岩市武平县、三明市将乐县、南平市顺昌县四个县获批为以县为单位的第一批国家森林康养基地；梅花山森林康养基地——福建省梅花山旅游发展有限公司、邵武市二都森林康养基地——福建省邵武市国有林场二都场、三元格氏栲森林康养基地——三明市三元格氏栲森林旅游公司、岁昌森林康养基地——福建岁昌生态农业开发有限公司、匡山生态景区（一期项目建设工程）——浦城县旅游投资开发有限公司五地获批为以经营主体为单位的第一批国家森林康养基地。[①] 福建省现有以县为单位的和以经营主体为单位的国家森林康养基地分别占全国总数的 23.5% 和 6.3%。

9.4　自然资源资产离任审计试点推进情况

根据党的十八届三中全会关于对领导干部开展自然资源资产离任审计的要求和福建省委、省政府实施生态省战略的部署，福建省各级审计机关持续开展和推进领导干部自然资源资产离任审计工作，其中包含森林资源审计工作。

2014 年，为深入推进生态省建设，福建省政府出台《贯彻落实〈国务院关于支持福建省深入实施生态省战略 加快生态文明先行示范区建设的若干意见〉的实施方案》，要求审计部门选择部分地区开展领导干部自然资源资产离任审计试点。同年上半年，福建省审计厅对内建立了自然资源资产离任审计工作机制，对外建立了自然资源资产离任审计联系机制，将自然资源审计列入年度科研课题。2014 年 7 月，福建省选择福州、宁德两个设区市及武夷山一个县级市部署开展审计工作试点。

2015 年 2 月，为贯彻落实《国务院关于支持福建省建设生态省的若干意见》，福建省审计学会开展了领导干部自然资源资产离任审计研究工作，综合各研究小组的调研成果，尝试制订福建省领导干部自然资源资产离任审计试点工作方案。提出将自然资源资产离任审计工作方案纳入领导干部经济责任审计总体工作方案，进行统一组织，开展试点工作。

---

① 　张辉：《我省 4 地 5 单位入选首批国家森林康养基地》，载《福建日报》2020 年 6 月 10 日。

2015 年下半年，进一步扩大自然资源资产离任审计试点面，在党政领导干部经济责任审计项目中，安排自然资源资产离任审计试点 16 项，其中省厅负责实施 7 项，地市局实施 9 项，包括福州市马尾区、台江区，厦门市湖里区，泉州市安溪县、鲤城区和三明市等。同时，在福鼎市开展专项审计试点。①

2015 年 8 月 5 日，福建省审计厅组织发展改革委、财政厅、国土厅、林业厅、海洋渔业厅、环保厅等 11 个省直部门，联合召开自然资源资产审计协作机制协调会，初试"摸底"福建省自然资源资产情况，推动建立福建省领导干部自然资源资产和环境责任审计跨部门协作机制，进一步探索、规范和完善自然资源资产和环境责任审计，推动下一阶段工作在全省范围全面铺开。

2016 年 2 月，为了进一步推进全省领导干部自然资源资产离任审计试点工作，福建省委办公厅、省政府办公厅结合地方实际，制定出台了《贯彻落实开展领导干部自然资源资产离任审计试点方案的实施意见》，提出今后开展领导干部自然资源资产离任审计试点的目标与计划、试点主要内容和配套保障；继续扩大和深化试点，实施一个设区市和两个市（县、区）试点，2017 年根据全国统一部署全面开展审计试点。

2017 年 2 月，根据《中共中央 国务院关于印发〈国有林场改革方案〉和〈国有林区改革指导意见〉的通知》和《中共福建省委 福建省人民政府关于印发〈福建省属国有林场改革实施方案〉和〈福建省县属国有林场改革指导意见〉的通知》等文件精神，福建省林业厅制定了《福建省属国有林场场长森林资源离任审计办法（试行）》。

2017 年 6 月，在充分总结前期审计试点经验的基础上，福建省委办公厅、省政府办公厅出台了《福建省党政领导干部自然资源资产离任审计实施方案（试行）》。该方案继续深化党政领导干部自然资源资产离任审计工作，在总结福建省试点经验的基础上，构建审计评价指标体系，优化创新审计方式方法，构建自然资源资产大数据共享服务平台，明确推进建立结果运用制度。

至此，先后出台的《贯彻落实开展领导干部自然资源资产离任审计试

---

① 郑晓冲、吴纯强、郑巧：《福建：积极推进领导干部自然资源资产审计 助力生态文明建设》，中华人民共和国审计署官方网站，2015 年 8 月 21 日。

点方案的实施意见》以及《福建省党政领导干部自然资源资产离任审计实施方案（试行）》两份文件，为福建省领导干部自然资源资产离任审计提供了坚实的制度保障。根据《福建省审计厅 2019 年法治政府建设情况的报告》总结显示，2016～2017 年度福建省领导干部自然资源资产离任审计处于试点探索阶段，2018 年起建立经常性的领导干部自然资源资产离任审计制度，审计对象涵盖市、县地方党政主要领导干部和自然资源管理部门领导干部，参审单位涵盖省、市、县三级审计机关。福建省通过不断创新机制、完善制度以及融合技术，深入推进领导干部自然资源资产离任审计，取得了较好的实践成果和优秀经验，有力提升了自然资源资产管理和生态环境保护的整体效果。福建省十余年励精图治，始终致力于建设、推进和提升"生态福建"战略！

9.5 本章小结

述及生态文明建设和森林资源审计，福建省是不得不提及的省份之一。福建省以先天资源和区位优势，凭借党和国家的政策支持，融敢闯敢试的闽人精神，在森林资源审计、自然资源资产审计、生态文明建设方面均取得了令人瞩目的成绩。福建省是开展森林资源审计的天然"试验田"，更是森林资源审计理论和实践取得优质成果的宝库与福地。本章在梳理福建省森林资源及经营管理情况、主体功能区规划情况的基础上，重点依据时间维度梳理了福建省生态文明建设发展脉络，以及领导干部自然资源资产离任审计工作的历史进程，从省域层面进一步了解和认识我国森林资源审计、自然资源资产离任审计和生态文明建设情况，为后面调研案例的分析论证做好基本铺垫。

第 10 章

福建省森林资源离任审计

福建省具备得天独厚的森林资源禀赋、区位优势以及政策扶持，森林资源审计工作中所面临的阻力和困难，既是挑战也是机遇。现在要做这样一个思考，如何正视森林资源审计工作中暴露的问题，利用现有各方面优势，结合省情林情，以进一步深化完善森林资源离任审计，形成具有福建特色的森林资源审计体系。福建省开展自然资源资产离任审计特别是森林资源审计，可以也应当结合省情林情走自己的道路，形成具有福建省特色的审计体系，在全国树立标杆效应。

10.1 案例背景介绍

福建省 ZP 县针对其前任县长升迁离任展开了自然资源资产离任审计工作。该试点工作是福建省进一步组织部署的试点审计，审计内容主要涉及森林资源、水资源、土地资源、矿产资源等。审计任务由福建省审计厅授权委托另一地市审计局来执行，具有"上审下"和"交叉审"的特征，一定程度上既体现了权威性，又保障了独立性。

以该审计项目为案例分析对象，调研过程中主要采用了观察记录、询问征求、模拟工作等调研方法，对该试点审计工作进行了全面、细致的调研。审计工作小组取得了较为丰富的正面经验，但仍存在一些问题。下面就调研中的森林资源离任审计工作所发现的问题及若干体会进行阐述，以期对福建省推动森林资源离任审计乃至整个自然资源资产离任审计的开展有所裨益。

10.2　森林资源离任审计试点的工作经验

森林资源是自然资源最重要的组成部分之一，森林资源离任审计是自然资源资产离任审计不可或缺的一环。探讨和完善森林资源离任审计有助于整个自然资源资产离任审计制度的构筑。根据领导干部自然资源资产离任审计试点工作部署，自然资源资产离任审计中的森林资源部分，主要的审计内容包括：审查森林覆盖率及森林蓄积量这两个约束性考核指标是否完成，审查年度森林采伐限额指标执行情况，审查占用、征用林地情况，审查年度造林任务的完成情况，审查林业专项资金的管理使用情况等（安徽省审计厅课题组，2014；陶玉侠等，2014）。不同地区的森林资源情况和经营管理制度是存在较大差异的，特别是福建省属于山形地势多变的集体林区，林情、林况具有较明显的差异。而审计试点的目的就是试点开展、总结经验，继而推广。鉴于此，审计工作小组斟酌本次试点审计任务的相关要求后并结合 ZP 县林业实际，在审计战略、审计内容、审计目标和审计方法上摸索出一些经验。

10.2.1　审计战略

自然资源资产离任审计是一项新兴的审计业务类型，目前欠缺有效的理论指导，并且可借鉴的实务经验更是匮乏。万事开头难，审计工作小组选择了"取易弃难、先简后繁"的审计战略，摒弃了传统上开展资源审计紧抓的"资金"和"政策"这两条主线，顺应本次试点工作实际，巧妙地采取以"程序"作为审计主轴来铺开审计工作。

10.2.2　审计内容

根据已确定的审计战略和主线，同时考虑到审计力量的制约以及审计成本、审计时间等因素的限制，审计工作小组最终选择了以下四项作为本次森林资源离任审计的审计内容。一是审查近三年来 ZP 县森林覆盖率、森林蓄积量每年的增长情况是否达到考核要求，领导干部的任期目标是否完成；二是审查近年来的年森林采伐量是否控制在年度限额指标内，有无存在超额采伐问题及处理情况；三是审查征占用林地的审批情况，主要审查近年来 ZP 县基础设施、民生项目及重点建设项目需占用、征用林地，是否经过严格审核、审批，是否有超量审批，以及有无存在非法占用林地问题和处理情况；四是审查近年来的年度造林任务完成情况。这四大项的审计内容，抓住了森林资源经营管理过程中的主要事项，同时也是重要事项和关键事项，并且可以通过执行一定的审计程序来进行审计鉴证和审计评价，具有较强的可操作性。

10.2.3　审计目标

在一定程度上来说，自然资源资产离任审计是党政领导干部经济责任审计的拓展和延伸，从检查党政领导干部履行自然资源资产决策、管理职责入手，是一种特殊的经济责任审计（张宏亮等，2014）。经济责任审计的审计目标除了合法性、合规性外，亦侧重效益性和合理性。自然资源资产离任审计当前并未形成完善而有效的审计评价体系，加上其涉及的资源领域多样且专业技术性强，更为关键的是自然资源经营效果的显现，无论好坏通常都呈现滞后性，这些使得自然资源资产离任审计的效益性和合理性目标在一次审计过程中较难达成。森林资源的长经营周期特性、森林生态系统服务功能及其干扰破坏的延迟性表现更是如此。从审计工作小组围绕的审计主线和确定的审计内容来看，体现出本次试点的审计目标定位于对 ZP 县领导干部在森林资源经营管理过程中的合法性、合规性及效率性进行审查鉴证。审计工作小组自身制定的审计战略、审计内容和审计目标在一定程度上达成契合和匹配。

10.2.4　审计方法

自然资源资产离任审计直至近些年才被提出、重视、研究和实践的，"新、奇、特、杂、难"是它现阶段最准确的写照。"如何审""怎么审"是理论界和实务界这一两年在研究和摸索的关键核心。不同类型的自然资源，适用其上的审计方法可能就有所迥异了。从审计小组的试点工作来看，在森林资源离任审计中采用的审计方法与财务审计的常用方法是有共通之处的。主要采用了审阅资料、核对比较以及询问座谈等。

10.3　森林资源离任审计存在的问题

福建省各地陆续展开的自然资源资产离任审计试点工作逐渐积累了不少的经验，进一步反过来促进了其理论体系的研究，确立了良性发展的形势。在 ZP 县实行的自然资源资产离任审计试点工作中，总体上基本达成了试点方案的工作要求，亦摸索和总结出一些好的经验与做法。但是，就现场的审计工作来看，在森林资源离任审计方面还是凸显了一些问题以及部分值得讨论的地方。

10.3.1　审计目标定位低

根据领导干部自然资源资产离任审计试点工作部署，福建省开展的自然资源资产离任审计是作为领导干部任期经济责任审计的一部分来进行的，因此是具有效益性及合理性的审计目标追求的。但是由于审计现场受到各方面主客观因素的制约以及森林资源自身特殊属性的影响，ZP 县试点的审计工作小组围绕审查该县领导干部在森林资源经营管理的若干程序环节的合法性、合规性，以及是否完成任务指标的效率性来进行审计。显然，审计目标的定位比较初级，最终只能判断领导干部在履责方面"做了没""做的合法合规与否""做到了吗"。自然资源资产离任审计试点的工作结果的利用方向之一，就是要为领导干部的离任、升迁、调任、考核等提供参考依据，它的高层次目标应该是对领导干部在履责方面"做得合理吗""做得好吗""做的效果如何"等给予鉴证评价，也就是合理性、效果性和效益性的目标追求。

10.3.2　审计内容未深化

就森林资源离任审计部分，虽然试点的审计工作小组抓住了四大项的关键审计内容，基本能就此对审计事项做出判断，但是审计内容的安排尚有过于粗化之嫌。首先，围绕程序环节进行审查，虽然使得审计工作化繁为简，但是却也忽略了"程序"环节之下的"资金"。自然资源资产离任审计离不开财务审计，应当立于资金审计的基础之上，森林资源部分的离任审计更应如此。林业是具有公益性、社会性、经济性的产业事业，有上至中央下至地方的各级财政专项支持，而这些资金流走于各"程序"。但试点审计工作中却由于某些限制性因素的影响，未执行对林业财政资金的管理、使用及效益情况的审查。其次，森林资源经营管理的程序节点、考核指标、效果效益等远不止现有方案既定的内容，而试点审计工作仅仅审查上述四项内容，且未对审计内容进行细化和拓延，审计效果大打折扣。

10.3.3 审计深度不到位

审计过程中，审计深度未延伸到一线基层单位，停留于整个 ZP 县作为审计单元。例如对森林采伐是否控制在年度采伐限额内的审查，仅审查整个县域的控制情况，并未在县域总量控制之下进一步考察底下的林业局、场、站、企业等基层森林经营单位的年度采伐限额实施情况。如果县域的采伐限额总量指标的控制得到落实执行，并未超出，但是域内部分森林经营单位的采伐限额指标控制却未依据制度政策、森林资源储量和质量、年度采伐计划等给予确定和分解，而是随意调整分配。试问，这种情况下领导干部的森林资源管理职责如何能给予正面肯定的评价？同理，在造林任务完成情况、征占用林地审批情况等的审查上亦是如此。

10.3.4 审计程序不完全

自然资源资产离任审计是与自然资源实体脱离不了的。森林生长在野外的山头地块上。如果仅仅坐在办公室审阅核对各种数据资料，是无法全面掌握和评价领导干部对森林资源经营管理的履责情况的。此外，各类报表资料、资源数据情况等在审计中均是由领导干部自身或林业管理部门提供，它们的真实性和准确性除需要内业比较、分析和判断，更需踏进山林实地调查核对，这是审计职业道德和执业准则所要求的。试点审计工作中，在审计程序执行上不完全，以室内审阅核对数据资料为主。例如，对森林覆盖率和森林蓄积量两个约束性考核指标、年度采伐限额控制、造林任务完成情况的审查，普遍是根据 ZP 县林业局提供的报表数据资料进行审阅，并对比任务分解表，据此达成审计意见。但很显然，面上数据是为虚，眼见实体才为实。

是否真正落实执行限额制度，是否保质保量完成造林任务，征占用林地审批是否合法合规等，这些都需要审计工作人员切实走入林区社区、林业基层单位、山头地块等，并综合走访调研、问卷调查、实地勘测等审计技术方法，才能最终得出正确、全面和合理的审计结论。

10.3.5　审计力量较薄弱

森林资源部分也好，自然资源资产离任审计中所涉及的其他自然资源也好，试点审计中碰到的最大"瓶颈"、遇到的最强阻力、受到的最有力制约，是"人"这个因素。也就是审计力量，它的薄弱体现在"量"和"质"两方面的重重限制性约束。

量，是指审计工作人员数量。数量上的制约体现在审计人员配置远远无法与自然资源资产离任审计工作量相匹配。就森林资源部分来说，虽然试点审计工作只进行了四块内容的审查，但其中蕴含着多时空状态下的资源数据和相关资料，是非常庞大的，加上资源审计的复杂性强以及田间野外考察的审计需要，总体工作量并不逊于传统财务审计，甚至是有过之而无不及。审计任务如此繁重，而审计时间是有限制的，审计成本是需要控制的，审计力量是不足的，导致审计策略和计划的制订上只能就简抓主。

质，是指森林资源离任审计工作人员的职业综合素养和专业技能知识。目前从事资源环境审计实务的审计工作人员普遍都具有财务会计或审计的专业背景，但却甚少有资源与环境科学专业背景的。森林资源离任审计亦面临这样一个矛盾问题——懂林业的不识审计，会审计的不知林业，这种尴尬局面现在存在，也必将存在一定时间。最简单的体现，如试点审计工作中，审计人员并不全面理解何为森林覆盖率、森林蓄积量、森林生长率、造林保存率、森林采伐限额等专业术语，这些指标在林业外业中又应当如何勘测调查，如何使用和调阅基于 ArcGIS 平台的森林资源信息管理系统，等等。

其实，上述根据调研实际总结出的审计试点工作存在的问题，并不是审计小组工作上的主观缺失或自身问题，而是面临这样一种无章可循、无则可依的新兴审计类型，加上林业系统的种种行业复杂特性，审计工作小组又受限于审计力量薄弱，心有余而力不足，导致无法采取足够的有效措施以消除种种限制性因素，最终不可避免做出了一定程度的妥协。

10.4　森林资源离任审计的提升对策

10.4.1　及时总结试点经验，继续深入理论研究

自2014年以来，审计理论界对自然资源资产离任审计的研究呈现爆发式增长，取得了颇多成果，为指导试点工作和审计实践奠定了一定基础。除福建省外，国内少数省（区、市）也早已进行了自然资源资产离任审计的试点探索，总结出了很多经验。从自然资源资产离任审计的长远发展来看，这些有益的理论研究和实践探索仍是有待成熟完善的。为在现阶段进一步推动自然资源资产离任审计，在森林资源部分，福建省应及时总结本阶段的试点工作，同时吸收其他兄弟省份的优秀经验，鼓励各界继续深入理论体系的探讨。接下来，无论是理论研究还是审计实践，都应从摸索"审什么""谁来审""如何审"，转变为在考量福建省林情的基础上该如何细化和深化，才能"审到全面""审得有效""审出特色"。试点反馈、不懈研究，是推动森林资源离任审计加速进入发展成熟阶段的两个驱动力。

10.4.2　外引内培建设队伍，夯实提升审计力量

现阶段审计工作所面临的"人"的制约，最好的解决方式就是采取联合审计（或联合工作），这是外引力量。例如，由两个（或以上）独立的具有一定森林资源审计经历的审计组织联合审计，互相取长补短。由森林资源内部审计机构协同配合审计小组进行审计，能够提供更多被审计单位实际和行业规律。联合工作的方式，则主要是指审计小组工作人员借助林业专家工作，或聘请林业科学研究院、林业调查规划队、林业勘察设计院等林业系统专业机构提供专业技术援助。联合审计（或联合工作）的方式长远来看，必将积极促进审计、林学两大学科的深度融合，培养出既懂林业又会审计的复合型审计人才。做好外引支援力量的同时，长远来看更应切实做好内培工作。熟悉和了解森林资源领域的技术、制度和模式，以夯实和提升审计队伍的专业知识技能，适应林业领域审计的需要。现阶段主要是通过多举办森林资源领域的审计专题培训，聘请林业专家学者教授林业知识；定期组织有此

类审计实践经验组织或个人分享和交流经验，互助互促；鼓励和帮助审计人员多学习、多实践。外引内培的人才战略是进一步开展森林资源在内的自然资源资产离任审计的保障。

10.4.3　转变审计办学思维，做好人才培养储备

自然资源资产离任审计即将成为一种常态性的审计类型。业务量将越来越多，市场需求扩大，急需既具有财会、审计背景又具备一定资源环境知识的复合型审计工作人员。森林资源领域也概莫能外。放眼国内各高校审计专业的培养方向和模式，无不是以财务审计为主的。审计专业教育以财务审计为核心，这是不能也是不可改变的。但是为了应对市场需求和职业细分，高校审计教育应适当转变办学思维，特别是定位于建立应用型本科大学的高校。外引内培只能是现阶段应对迫切形势而采取的治标措施。应该从高校专业教育开始抓起，人才培养以财务审计为核心不变，但侧重延伸和拓宽课程体系，鼓励审计专业学生多涉猎各行业各领域的知识，培养具有知识面全、技能复合的综合性审计人才。

高校审计教育可先行利用公共选修课等第二课堂，开设包含森林资源在内的自然资源各领域的知识课程，鼓励学生选修辅修，并逐渐将成熟的课程引入专业人才培养计划，赋予其专业课地位，实现审计课程多元化。待到时机成熟还可逐步实现审计高等教育的专业方向化，乃至建立审计专业的细分体系，形成资源审计专业方向，侧重培养和建立自然资源审计的人才储备库。有了人才支持，自然资源资产离任审计才能不断发展，这才是治本之策，更是可持续性之策，是促进自然资源资产离任审计完善成熟的根本。

10.4.4　依据主体功能区规划，制定差异化审计标准

森林资源的空间异质性很强，各地的经济发展水平情况不一，对森林资源部分的审计，审计内容和审计标准等均不宜搞"一刀切"。倘若采用同一套审计评价标准和千篇一律的审计内容，势必导致不公平和不合理。在主体功能区规划中，直接指出主体功能不等于唯一功能，明确一定区域的主体功能及其开发的主体内容和发展的主要任务，并不排斥该区域发挥其他功能。

不同主体功能区域内发展侧重的产业方向、功能布局、开发强度等是有差异的，对自然资源资产经营管理的原则、方式、效果等也是有所不同的。在对领导干部施行森林资源离任审计的鉴证评价时，应当适当考虑这种差异，在不同主体功能区内分别确定各自合适的审计内容和适用的评价标准。因此，立足于现有主体功能区的规划和建设，根据不同类型的主体功能区域的功能布局、发展规划、资源情况，实行审计评价标准差异化的森林资源离任审计。这应是一条值得思考的发展道路。

10.4.5 分类确定审计内容，必审选审据需组合

可以考虑，把森林资源离任审计的审计内容按性质先分为必审和选审两大类，留置出可调节、可选择的空间，避免审计内容僵化、固化和同化。必审内容主要是抓住森林经营各个目标任务的达成情况以及林政管理的关键内容两大块，普遍适用于四类主体功能区。而选审内容主要划分为资源现状、森林管护、森林经营和森林效益四个方面，不同主体功能区域内的森林资源部分的审计可具体依托当地情况，选择适合和需要的审计内容事项。在主体功能区区划视角下，可结合当地的森林资源实际情况以及每次的审计重点和风险，在审计内容的布置上多重组合。

当然，森林资源离任审计的内容有待未来不断丰富和充实。首先，不同审计地点在确定审计内容时，应当统筹考虑当地资源实际、规划情况和发展水平，适当调整审计内容的深度和广度，包括必审和选审内容皆当如此。其次，实践时可具体结合审计项目要求、审计目标设定情况和审计计划安排，调节选取不同主体功能区适用的审计内容。最后，审计工作人员应当有一个意识和尺度，即相同的审计内容和事项，在不同主体功能区域内对它的评价标准和要求应当有所区分，一视同仁反而带来不公平。例如，同样是审查森林蓄积储量和增长情况，优化开发区域自然是比不上禁止开发区域的，不能把禁止开发区域的森林经营要求和标准强加于优化开发区域，这显然不合理。

通过在不同主体功能区域间实现审计内容和审计标准的区分，使得森林资源离任审计具有差异化特征，有助于其更加公平合理，也提升了可操作性。甚至可将此类思路推及其他自然资源类型的离任审计。

10.5　本章小结

　　福建省开展自然资源资产离任审计的试点，在全国范围内来看并不是最早的。但福建省有其突出的资源、区位和政策优势。同时，与其他兄弟省份相比，福建在森林经营管理上较为特殊和复杂。作为南方集体林区的重点省份，加上福建省委、省政府非常重视生态省战略和生态文明先行示范区的建设，地方党政领导干部在森林资源经营管理方面的职责是极其重大的。因此，现阶段审计试点虽然晚于个别省（区、市），且遭遇了种种阻碍，但是福建省各界应当立足优势，不懈探索，形成具有自身区域特色的森林资源离任审计制度模式。为此，在未来的离任审计工作中，应当充分利用《福建省主体功能区规划》，深入探索不同主体功能区域间的差异化审计体系；与此同时，还应开始建立森林资源离任审计的人才培养机制，构建人才梯队，形成夯实审计力量的人力资源保障。

第 11 章

总结与展望

11.1 主要结论

11.1.1 森林资源审计的形成与发展

我国涉林审计工作践行已久，历经迈入依法审计阶段、重视林业内部审计阶段、重点实施生态工程审计阶段、开启森林资源审计阶段。领导干部自然资源资产离任审计的开展，间接促使森林资源审计的逐步完善。"森林资源审计"的审计概念和审计活动从此正式形成，我国将逐步搭建和形成森林资源审计的工作体系。

11.1.2 森林资源审计的基础研究薄弱

森林资源审计作为一种新兴的专业审计，其发展和成熟需要有夯实的基础理论体系作为支撑。目前的森林资源审计基础理论研究却甚为薄弱，无法为审计实务实践提供有力指导和实践遵循。森林资源审计基础理论研究亟须引起有关学者和实务工作者的重视，才能促进森林资源审计理论体系的建立健全，进一步引领和指导森林资源离任审计工作的开展。

11.1.3 森林资源审计的概念及内涵

森林资源审计是指由独立的专职机构或人员接受委托或授权，对涉林经营单位特定时期的森林生长经营与消耗，林业政策制定与落实的合法性、合理性、合规性，以及涉林资金使用与分配，财务资料及其他有关资料的真实性、公允性和效益性进行审查、监督、评价和鉴证的活动，其目的在于确定或解除被审计森林经营管理单位的受托经济责任。森林资源审计既是一项独立的经济监督活动，也是自然资源审计的组成部分。

11.1.4　森林资源审计理论框架体系

森林资源审计的发展成熟必将是政府审计机关、内部审计机构以及社会审计组织共同谱成的三维审计监督体系。森林资源审计的客体（对象）主要为涉林政府组织机构、直接开展营林生产的森林经营单位，以及与森林生产经营各个环节有牵涉的其他相关单位或个人等。森林资源审计内容应从政策规章制定与落实、资金使用管理与绩效、生产经营活动与管理三条主线展开，并互相交叉结合。

按照审计主体来分类，森林资源审计可分为森林资源政府审计、森林资源内部审计、森林资源社会审计；按照审计目的来分类，森林资源审计可分为森林经理期审计、森林资源离任审计、森林经营管理审计；按照审计内容来分类，森林资源审计可以分为林业财政财务审计、森林培育更新审计、森林生产采伐审计、森林保护审计、林政管理审计、非木质经营审计、生态及社会效益审计以及各类林业项目审计等。

森林资源审计应当采用就地审计，报送审计不太适用；森林资源审计适合采用委托审计和联合审计；森林资源审计应逐渐由强制审计为主向自定审计为主转变；森林资源审计应由侧重事后审计向事前审计、事中审计监督预防为主转变。森林资源审计必须打破常规审计方法的束缚，采取审查检阅、走访座谈、问卷调查、实地勘检、多维分析等方法，实现森林资源审计的各项目标。

森林资源审计既要把握独立性原则、客观性原则、针对性原则、法制性原则等一般审计原则，更要结合森林资源实际和林业行业情况，在审计活动中把握重点审查原则、资源保密原则、适情适责原则、分类评价原则、群众路线原则。森林资源审计依据按其性质内容大体可分为林业法律、行政法规、部门规章、林业行业标准、林业业务规范、森林经营规划等。

森林资源审计的总目标是顺应生态文明建设和林权制度改革的需要，监督和评价森林经营管理单位的业务活动、内部控制及其他相关经济活动的适当性与有效性，审查和鉴证森林经营管理的业务资料、财务资料及其他有关资料的真实性与公允性，以促进扩大森林资源数量、提升森林资源质量，实现森林资源可持续性经营管理。森林资源审计的具体目标则需结合具体审计事项来确定。森林资源审计具有时效性、风险性、多维性、长期性、多样性的特点。

11.1.5 森林资源审计实务技巧要点

森林资源审计的工作流程大致可分为审计准备、审计实施、审计报告、审计档案归集与整理四个阶段。不同类型的森林资源审计，其审计工作流程总体一致，可根据实务工作需要和被审计单位情况进行调适，但原则上不允许擅自缩减审计程序。森林资源审计实务并未形成统一公认的审计程序和要点。在明确审计性质、审计目标、审计对象和审计内容的基础上，对森林经理期审计、森林资源离任审计、森林经营管理审计的实务操作技巧和要点进行指引提示。

11.1.6 林业财政支出绩效审计建议

林业财政支出绩效审计势必成为森林资源审计极其重要的组成部分，也必然在各类型的森林资源审计活动中出现。党和国家正在大力推进生态文明建设，新时代背景下也对林业财政支出绩效审计提出新要求和新使命。生态文明建设视角下，林业财政支出绩效审计具有监督、评价、鉴证和"免疫细胞"的职能定位，同时发挥非特异性和特异性两方面的作用机制。建议林业财政支出绩效审计施行差异化的审计评价、定量与定性结合的审计评价、短期与长期兼顾的审计评价。

11.1.7 森林资源审计胜任特征模型

森林资源审计团队胜任特征模型主要包括三种核心能力：一是独立性，子项包括甄别能力、预防策略、防治措施；二是专业性，子项包括专业胜任能力的获取、专业胜任能力的保持、培训拓展；三是凝聚性，子项包括合作精神、服务精神、工作态度。构建云模型和发生器，实现语言值的量化转化，求得独立性指数、专业性指数和凝聚力指数。森林资源审计项目组的胜任力指数定义为独立性指数、专业性指数和凝聚力指数的综合，是三者相互影响、相互作用的结果。用公式表达为：$Index_{CE} = (Index_{IE})^a \times (Index_{SY})^b \times (Index_{CN})^c$。

11.1.8　森林资源审计风险及其防范

森林资源审计风险是指被审计单位与森林经营、保护和利用活动有关的政策执行、资金收支及效益情况等存在重大的违规违纪、疏漏或未达标的事实，而森林资源审计人员却发表不恰当结论的可能性。森林资源审计的风险分为源于审计环境的风险、源于审计主体的风险和源于审计客体的风险。在森林资源审计的准备阶段、实施阶段、报告阶段以及档案归整阶段等关键环节设置风险点提示，是前置化实施森林资源审计质量控制的关键举措。可通过营造良好的审计环境、识别评估审计风险、积极采取技术性对策、加强审计人员教育培训、发展审计信息化技术等途径来有效防控森林资源审计风险。

11.1.9　森林资源审计依据分类汇编

将森林资源审计依据划分为源自国家层面的审计依据以及源自地方层面的审计依据。对源自国家层面的审计依据进行分类归集，将之分成林业法规、林业名录、林业标准、林业政策、林业规划与方案五大类进行汇编；源自地方层面的审计依据，以福建省为例，将省级地方层面的审计依据分为地方法规、部门规章、省政府文件、部门文件、地方林业标准、林业规划与方案六大类展开汇编。

11.1.10　福建省森林资源审计的发展道路

福建省具备得天独厚的森林资源禀赋、区位优势，以及政府的政策扶持，森林资源审计工作中所面临的阻力和困难，既是挑战也是机遇。应当正视森林资源审计工作中暴露的问题，利用现有各方面优势，结合省情林情，借国家生态文明试验区建设的东风，踏已有生态建设成就的基础，进一步全面实施和发展森林资源审计，推广森林资源离任审计之外的其他森林资源审计活动，抢占森林资源审计研究及实践的制高地和话语权，形成具有福建特色的森林资源审计体系，面向全国复制和推广有益经验。

11.2　前景展望

本书最为核心的内容是：提出和辨析"森林资源审计"概念。所有结论都是围绕此中心而得出的。受限于笔者水平以及学科技术发展阶段的局限性，有关观点和思想欢迎读者批评指正，以期抛砖引玉。

同时，笔者认为森林资源审计的基础理论研究仍有以下值得进一步探讨和商榷的地方，希望能引起更多同行的重视和研究：森林资源审计要素的理论框架的优化和完善；森林资源离任审计之外的其他森林资源审计活动的研究和实践；森林资源审计实务运作技巧和要点的提炼与呈现；森林资源审计标准体系的制定和实施；森林资源审计责任界定的研究；森林资源审计胜任特征模型的实际运用和指数临界标准的探索；森林资源审计风险防范清单的研制与运用；森林资源审计依据清单的研制与运用；森林资源审计报告的内容与撰写技巧；森林资源审计意见和结论的合理使用；森林资源审计与区域生态建设、经济高质量发展的互动机制及影响。

森林资源审计作为一项单独的审计监督活动才刚刚开始。森林资源审计体系尚未建立健全，实施森林资源审计制度也尚未有法定明确。显然，要实现森林资源审计的常态化和制度化，还需要有森林资源审计学者和实务人士的共同努力和推动。

附录 I

2020 年林业行业标准制定、修订项目计划汇总

项目编号	项目名称	制定/修订	代替标准及计划号	业务指导单位	技术归口单位	主要承担单位
2020-LY-001	杨树	修订	LY/T 1716—2007 LY/T 1895—2010 LY/T 1495—1999 LY/T 1896—2010	国家林业和草原局 生态保护修复司	营造林标委会	中国林科院林业所
2020-LY-002	泡桐	修订	LY/T 2114—2013 LY/T 2206—2013 LY/T 2207—2013 LY/T 2213—2013	国家林业和草原局 生态保护修复司	营造林标委会	河南农业大学
2020-LY-003	云杉	修订	LY/T 1559—1999 LY/T 1869—2010 LY/T 1901—2010 LY/T 2349—2014	国家林业和草原局 生态保护修复司	营造林标委会	中国林科院林业所
2020-LY-004	红椎	修订	LY/T 1946—2011 LY/T 2618—2016 LY/T 2617—2016	国家林业和草原局 生态保护修复司	营造林标委会	中国林科院热带林中心
2020-LY-005	栎类	制定		国家林业和草原局 生态保护修复司	营造林标委会	中国林科院亚林中心
2020-LY-006	退化林修复技术规程	制定		国家林业和草原局 生态保护修复司	营造林标委会	北京林业大学 吉林省林科院

续表

项目编号	项目名称	制定/修订	代替标准及计划号	业务指导单位	技术归口单位	主要承担单位
2020–LY–007	山茶花	修订	LY/T 2446—2015 LY/T 2854—2017 LY/T 2757—2016 LY/T 2814—2017	国家林业和草原局 生态保护修复司	花卉标委会	中国林科院亚林所
2020–LY–008	蜡梅	修订	LY/T 2321—2014 LY/T 2318—2014 LY/T 2525—2015	国家林业和草原局 生态保护修复司	花卉标委会	北京林业大学
2020–LY–009	鼢鼠防治技术规程	制定		国家林业和草原局 生态保护修复司	林业有害生物防治 标委会	国家林业和草原局森林 和草原病虫害防治总站
2020–LY–010	林用药剂安全使用准则	修订	LY/T 2648—2016	国家林业和草原局 生态保护修复司	林业有害生物防治 标委会	国家林业和草原局森林 和草原病虫害防治总站
2020–LY–011	木蠹象防治技术规程	制定		国家林业和草原局 生态保护修复司	林业有害生物防治 标委会	国家林业和草原局森林 和草原病虫害防治总站
2020–LY–012	松材线虫病疫情卫星遥感监测技术规范	制定		国家林业和草原局 生态保护修复司	林业有害生物防治 标委会	国家林业和草原局森林 和草原病虫害防治总站
2020–LY–013	云杉花墨天牛防治技术规程	制定		国家林业和草原局 生态保护修复司	林业有害生物防治 标委会	国家林业和草原局森林 和草原病虫害防治总站
2020–LY–014	林业有害生物标本制作与保藏规范	制定		国家林业和草原局 生态保护修复司	林业有害生物防治 标委会	中国林科院森环森保所

续表

项目编号	项目名称	制定/修订	代替标准及计划号	业务指导单位	技术归口单位	主要承担单位
2020-LY-015	松毛虫防治技术规程	制定		国家林业和草原局生态保护修复司	林业有害生物防治标委会	国家林业和草原局森林和草原病虫害防治总站
2020-LY-016	应施检疫的林业植物产品及其计量单位代码	修订	LY/T 2022—2012 LY/T 2421—2015	国家林业和草原局生态保护修复司	林业植物检疫分委会	国家林业和草原局森林和草原病虫害防治总站
2020-LY-017	松褐天牛防治和检疫技术规程	制定		国家林业和草原局生态保护修复司	林业植物检疫分委会	国家林业和草原局森林和草原病虫害防治总站
2020-LY-018	松针褐斑蚊检疫技术规程	制定		国家林业和草原局生态保护修复司	林业植物检疫分委会	北京林业大学
2020-LY-019	重金属污染立地生态修复林营建技术规程	制定		国家林业和草原局生态保护修复司	营造林标委会	中国林科院亚林所
2020-LY-020	自然保护区建设项目生物多样性影响评价技术规范	修订	LY/T 2242—2014	国家林业和草原局森林资源管理司	森林资源标委会	国家林业和草原局昆明勘察设计院
2020-LY-021	县级林地保护利用规划编制技术规程	修订	LY/T 1956—2011	国家林业和草原局森林资源管理司	森林资源标委会	国家林业和草原局华东调查规划设计院
2020-LY-022	林地保护利用规划落地落界技术规程	制定		国家林业和草原局森林资源管理司	森林资源标委会	国家林业和草原局调查规划设计院
2020-LY-023	林地毁坏程度鉴定标准	制定		国家林业和草原局森林资源管理司	森林资源标委会	南京森林警察学院

续表

项目编号	项目名称	制定/修订	代替标准及计划号	业务指导单位	技术归口单位	主要承担单位
2020-LY-024	草原生态状况综合评价	制定		国家林业和草原局草原管理司	草原标委会	四川省草原科学研究院
2020-LY-025	草原生态系统定位观测技术方法	制定		国家林业和草原局草原管理司	草原标委会	中国农业科学院农业资源与农业区划研究所
2020-LY-026	草原生态系统定位观测指标体系	制定		国家林业和草原局草原管理司	草原标委会	中国农业科学院农业资源与农业区划研究所
2020-LY-027	项目使用草原可行性报告编制规范	制定		国家林业和草原局草原管理司	草原标委会	国家林业和草原局调查规划设计院
2020-LY-028	草原生物灾害监测预报技术规范	制定		国家林业和草原局草原管理司	草原标委会	国家林业和草原局森林和草原病虫害防治总站
2020-LY-029	沙化草原治理技术规程	制定		国家林业和草原局草原管理司	草原标委会	内蒙古蒙草生态环境（集团）股份有限公司
2020-LY-030	湿地生态系统服务评估技术规程	修订	2014-LY-130 LY/T 2899—2017 2010-LY-110 2013-LY-007 2016-LY-181	国家林业和草原局湿地管理司	湿地保护标委会	国家林业和草原局西北调查规划设计院
2020-LY-031	国家湿地公园建设规范	修订	LY/T 1754—2008 LY/T 1755—2008 2018-LY-153	国家林业和草原局湿地管理司	湿地保护标委会	中国林科院湿地所

续表

项目编号	项目名称	制定/修订	代替标准及计划号	业务指导单位	技术归口单位	主要承担单位
2020-LY-032	国际湿地城市认证提名指标	制定		国家林业和草原局湿地管理司	湿地保护标委会	北京林业大学
2020-LY-033	国家石漠公园总体规划导则	制定		国家林业和草原局荒漠化防治司	荒漠化司	国家林业和草原局中南调查规划设计院
2020-LY-034	野生植物类物证提取、固定和鉴定通则	制定		国家林业和草原局野生动植物保护司	动植物司	南京森林警察学院
2020-LY-035	大熊猫精液冷冻保存技术规程	制定		国家林业和草原局野生动植物保护司	野生动物保护管理与经营利用标委会	成都大熊猫繁育研究基地
2020-LY-036	野生动物重要栖息地区划规范	制定		国家林业和草原局野生动植物保护司	野生动物保护管理与经营利用标委会	国家林业和草原局调查规划设计院
2020-LY-037	野生动物疫病检疫通则 第2部分 两栖类	制定		国家林业和草原局野生动植物保护司	野生动物保护管理与经营利用标委会	国家林业和草原局调查规划设计院
2020-LY-038	野生动物人工繁育管理规范	制定		国家林业和草原局野生动植物保护司	野生动物保护管理与经营利用标委会	黑龙江省野生动物研究所
2020-LY-039	野生动物检材的提取、保存与DNA鉴定规范	制定		国家林业和草原局野生动植物保护司	野生动物保护管理与经营利用标委会	南京森林警察学院
2020-LY-040	东北虎生态廊道建设规范	制定		国家林业和草原局野生动植物保护司	野生动物保护管理与经营利用标委会	黑龙江省野生动物研究所

续表

项目编号	项目名称	制定/修订	代替标准及计划号	业务指导单位	技术归口单位	主要承担单位
2020-LY-041	自然保护地制图规范	制定		自然保护地管理司	国家公园和自然保护地标委会	国家林业和草原局调查规划设计院
2020-LY-042	自然保护地资源调查评价指南	制定		自然保护地管理司	国家公园和自然保护地标委会	国家林业和草原局勘察设计院
2020-LY-043	自然保护地监测指标体系	制定		自然保护地管理司	国家公园和自然保护地标委会	中国林科院森环森保所
2020-LY-044	自然保护地信息化建设规范	制定		自然保护地管理司	国家公园和自然保护地标委会	中国林科院森环森保所
2020-LY-045	自然保护地管控与功能区划技术规程	制定		自然保护地管理司	国家公园和自然保护地标委会	国家林业和草原局昆明勘察设计院
2020-LY-046	自然保护地勘界立标规范	制定		自然保护地管理司	国家公园和自然保护地标委会	国家林业和草原局调查规划设计院
2020-LY-047	自然保护地标识系统规范	制定		自然保护地管理司	国家公园和自然保护地标委会	国家林业和草原局调查规划设计院
2020-LY-048	自然保护地总体规划技术规程	制定		自然保护地管理司	国家公园和自然保护地标委会	国家林业和草原局调查规划设计院
2020-LY-049	国家公园详细规划编制技术规程	制定		自然保护地管理司	国家公园和自然保护地标委会	国家林业和草原局调查规划设计院

续表

项目编号	项目名称	制定/修订	代替标准及计划号	业务指导单位	技术归口单位	主要承担单位
2020-LY-050	国家公园功能区划技术规程	制定			国家公园和自然保护地标委会	北京林业大学
2020-LY-051	自然保护地生态旅游（游憩体验）规范	制定			国家公园和自然保护地标委会	国家林业和草原局调查规划设计院
2020-LY-052	自然保护地考核评估规范	制定		自然保护地管理司	国家公园和自然保护地标委会	国家林业和草原局调查规划设计院
2020-LY-053	油桐	修订	LY/T 1327—2017 LY/T 2539—2015	林业和草原改革发展司	经济林产品标委会	中南林业科技大学
2020-LY-054	杏	修订	LY/T 2824—2017 LY/T 1558—2017 LY/T 2691—2016 LY/T 2340—2014	林业和草原改革发展司	经济林产品标委会	北京市林业果树科学研究院
2020-LY-055	枣	修订	LY/T 2825—2017 LY/T 1497—2017 LY/T 2535—2015 2017-LY-071 2008-LY-123 LY/T 1920—2010 LY/T 1964—2011 LY/T 1780—2018	林业和草原改革发展司	经济林产品标委会	河北农业大学

续表

项目编号	项目名称	制定/修订	代替标准及计划号	业务指导单位	技术归口单位	主要承担单位
2020-LY-056	山野菜	修订	LY/T 1673—2006 LY/T 1577—2009 LY/T 2134—2013/ 2015-LY-222	林业和草原改革发展司	经济林产品标委会	黑龙江省林业研究所
2020-LY-057	国家林下经济示范基地建设标准	制定		林业和草原改革发展司	经济林产品标委会	国家林业和草原局昆明勘察设计院
2020-LY-058	铁皮石斛	修订	LY/T 2547—2015	林业和草原改革发展司	经济林产品标委会	浙江农林大学
2020-LY-059	国家森林小镇建设规范	制定		国有林场和种苗管理司	林场种苗司	北京林业大学
2020-LY-060	草种质资源调查与收集技术规程	制定		国有林场和种苗管理司	林场种苗司	四川省草原科学研究院
2020-LY-061	石榴品种鉴定技术规程 SSR 分子标记	制定		国有林场和种苗管理司	林木种子标委会	北京林业大学
2020-LY-062	沙棘品种鉴定技术规程 SSR 分子标记	制定		国有林场和种苗管理司	林木种子标委会	北京林业大学
2020-LY-063	枸杞品种鉴定技术规程 SSR 分子标记	制定		国有林场和种苗管理司	林木种子标委会	北京林业大学
2020-LY-064	桉树品种鉴定技术规程 SSR 分子标记	制定		国有林场和种苗管理司	林木种子标委会	中国林科院热林所

续表

项目编号	项目名称	制定/修订	代替标准及计划号	业务指导单位	技术归口单位	主要承担单位
2020-LY-065	主要经济林品种鉴定指南	制定		国有林场和种苗管理司	林木种子标委会	南京林业大学
2020-LY-066	森林草原火灾名与编码	修订	LY/T 1627—2005	森林草原防火司	森林消防标委会	黑龙江省森林保护研究所
2020-LY-067	森林草原火灾成因和损失调查方法	修订	LY/T 2085—2013 LY/T 2576—2016 LY/T 1846—2009	森林草原防火司	森林消防标委会	黑龙江省森林保护研究所
2020-LY-068	森林草原火险综合监测站建设及可燃物测定	修订	LY/T 2579—2016 LY/T 2665—2016 LY/T 2013—2012	森林草原防火司	森林消防标委会	黑龙江省森林保护研究所
2020-LY-069	森林保险查勘定损技术规程	制定		规财务司	规财司	北京林业大学
2020-LY-070	森林土壤交换性元素测定	修订	LY/T 1243—1999 LY/T 1244—1999 LY/T 1245—1999 LY/T 1246—1999 LY/T 1247—1999 LY/T 1248—1999	科学技术司	科技司	中国林科院亚林所
2020-LY-071	森林土壤有机质及腐殖质组分的测定	修订	LYT 1237—1999 LYT 1238—1999	科学技术司	科技司	中国林科院林业所

项目编号	项目名称	制定/修订	代替标准及计划号	业务指导单位	技术归口单位	主要承担单位
2020-LY-072	森林土壤的调查、采集与制备	修订	LY‐T 2250—2014 LY‐T 1210—1999	科学技术司	科技司	北京林业大学
2020-LY-073	森林土壤大团聚体和微团聚体的测定	修订	LY/T1226—1999 LY/T 1227—1999	科学技术司	科技司	北京林业大学
2020-LY-074	生物质棒状成型炭	修订	LY/T 1973—2011	科学技术司	林化产品标委会	中国林科院林化所
2020-LY-075	提取黄金用颗粒状活性炭	修订	LY/T 1125—1993	科学技术司	林化产品标委会	中国林科院林化所
2020-LY-076	银杏叶提取物	修订	LT/T 1699—2007	科学技术司	林化产品标委会	中国林科院林化所
2020-LY-077	银杏叶聚戊烯醇软膏	修订	LY/T 1742—2008	科学技术司	林化产品标委会	中国林科院林化所
2020-LY-078	单宁酸分析试验方法	修订	LY/T 1642—2005	科学技术司	林化产品标委会	中国林科院林化所
2020-LY-079	无患子提取物	制定		科学技术司	林化产品标委会	中国林科院林木遗传育种国家重点实验室
2020-LY-080	立木地板	制定		科学技术司	木材标委会	中国林科院木材所
2020-LY-081	批量木材鉴别抽样检查、判定方法	制定		科学技术司	木材标委会	西南林业大学
2020-LY-082	木材性质术语	修订	LY/T 1788—2008	科学技术司	木材标委会	中国林科院木材所
2020-LY-083	结构用胶合材产品质量认定技术准则	制定		科学技术司	木材标委会	中国林科院木材所
2020-LY-084	机台木	修订	LY/T 1200—2012	科学技术司	木材标委会	黑龙江省木材科学研究所

续表

项目编号	项目名称	制定/修订	代替标准及计划号	业务指导单位	技术归口单位	主要承担单位
2020-LY-085	木板皮	修订	LY/T 1156—2012	科学技术司	木材标委会	黑龙江省木材科学研究所
2020-LY-086	木纤维用原木	修订	LY/T 1793—2008	科学技术司	木材标委会	黑龙江省林业科学院
2020-LY-087	营林机械 产品型号编制方法	修订	LY/T 1045—2007	科学技术司	林业机械标委会	国家林业和草原局哈尔滨林业机械研究所
2020-LY-088	园林机械 以汽油机为动力的背负式风力清扫机	修订	LY/T 1618—2004	科学技术司	林业机械标委会	山东华盛中天机械集团股份有限公司
2020-LY-089	园林机械 电链锯	修订	LY/T 1121—2010	科学技术司	林业机械标委会	浙江三锋实业股份有限公司
2020-LY-090	林业机械 车载式风送高射程喷雾机	修订	LY/T 1669—2006	科学技术司	林业机械标委会	南京林业大学
2020-LY-091	林业工厂化育苗容器系列型谱	修订	LY/T 1720—2007	科学技术司	林业机械标委会	国家林业和草原局哈尔滨林业机械研究所
2020-LY-092	园林机械 以汽油机为动力的便携式风力收集粉碎机	修订	LY/T 1668—2006	科学技术司	林业机械标委会	永康威力科技股份有限公司
2020-LY-093	林业机械 以汽油机为动力的便携手持式挖树机	制定		科学技术司	林业机械标委会	珠海巧力林业机械科技有限公司

续表

项目编号	项目名称	制定/修订	代替标准及计划号	业务指导单位	技术归口单位	主要承担单位
2020-LY-094	园林机械 以锂离子电池为动力源的手持式修枝剪	制定		科学技术司	林业机械标委会	浙江卓远机电科技有限公司
2020-LY-095	园林机械 以汽油机为动力的手推式割灌和松土组合机	制定		科学技术司	林业机械标委会	山东永佳动力股份有限公司
2020-LY-096	椰壳纤维板	修订	LY/T 1795—2008	科学技术司	林业生物质材料标委会	华南农业大学
2020-LY-097	地板基材用纤维板	修订	LY/T 1611—2011	科学技术司	人造板标委会	中国林科院木材所
2020-LY-098	甲醛释放量检测用 $1m^3$ 气候箱	修订	LY/T 1612—2004	科学技术司	人造板标委会	中国林科院木材所
2020-LY-099	航空用桦木胶合板	修订	LY/T 1417—2011	科学技术司	人造板标委会	中国林科院木材所
2020-LY-100	抗静电木质活动地板	修订	LY/T 1330—2011	科学技术司	人造板标委会	北京市产品质量监督检验院
2020-LY-101	不燃无机纤维装饰层积板	制定		科学技术司	人造板标委会	中国林科院木材所浙江瑞欣装饰材料有限公司
2020-LY-102	刨花干燥机	修订	LY/T 2161—2013 LY/T 1104—2011	科学技术司	人造板机械标委会	苏州苏福马机械有限公司
2020-LY-103	木工数控加工中心	修订	LY/T 1800—2008	科学技术司	人造板机械标委会	山东晨灿机械设备股份有限公司

续表

项目编号	项目名称	制定/修订	代替标准及计划号	业务指导单位	技术归口单位	主要承担单位
2020-LY-104	剥皮机	修订	LY/T 2166—2013 LY/T 1567—1999	科学技术司	人造板机械标委会	镇江中福马机械有限公司
2020-LY-105	原料仓	修订	LY/T 1462—2008	科学技术司	人造板机械标委会	朝阳宏达机械有限公司
2020-LY-106	人造板机械分类术语	修订	LY/T 1382—2008	科学技术司	人造板机械标委会	东北林业大学
2020-LY-107	热磨机磨片技术条件	修订	LY/T 1461—2008	科学技术司	人造板机械标委会	东北林业大学
2020-LY-108	食用林产品质量安全追溯操作规程	制定		科学技术司	经济林产品标委会	中国林科院亚林所
2020-LY-109	经济林产品质量检测技术	制定		科学技术司	经济林产品标委会	中国林科院亚林所
2020-LY-110	食用林产品及产地环境质量安全监测与评价技术规范	修订	LY/T 2800—2017	科学技术司	经济林产品标委会	中国林科院亚林所
2020-LY-111	竹炭密度测定方法	制定		科学技术司	竹藤标委会	浙江农林大学
2020-LY-112	木质素基生物质成型燃料用黏结剂	制定		科学技术司	竹藤标委会	福州大学
2020-LY-113	竹炭板	制定		科学技术司	竹藤标委会	浙江农林大学
2020-LY-114	展平竹砧板	制定		科学技术司	竹藤标委会	南京林业大学
2020-LY-115	造林树种与造林模式数据库结构规范	修订	LY/T 2271—2014	国家林业和草原局信息化管理办公室	林业信息数据标委会	北京林业大学

续表

项目编号	项目名称	制定/修订	代替标准及计划号	业务指导单位	技术归口单位	主要承担单位
2020-LY-116	林业电子公文处理流程规范	制定		国家林业和草原局信息化管理办公室	林业信息数据标委会	国家林业和草原局信息中心
2020-LY-117	核桃遗传资源调查编目技术规程	制定		国家林业和草原局科技发展中心	科技中心	中国林科院林业所
2020-LY-118	植物新品种特异性、一致性、稳定性测试指南 核桃	修订	LY/T1870—2010	国家林业和草原局科技发展中心	科技中心	中国林科院亚林所
2020-LY-119	植物新品种特异性、一致性、稳定性测试指南 枣	修订	LY/T 2190—2013	国家林业和草原局科技发展中心	科技中心	西北农林科技大学
2020-LY-120	植物新品种特异性、一致性、稳定性测试指南 柽柳属	制定		国家林业和草原局科技发展中心	科技中心	山东省林业科学研究院
2020-LY-121	植物新品种特异性、一致性、稳定性测试指南 蚊母树属	制定		国家林业和草原局科技发展中心	科技中心	中南林业科技大学
2020-LY-122*	中国森林认证 自然保护地资源可持续经营管理	制定		国家林业和草原局科技发展中心	森林认证标委会	北京林业大学

注：项目编号标注 * 号为自筹项目。

附录 Ⅱ

林业行业标准汇编（2016 年 1 月 1 日至 2020 年 7 月 30 日）

序号	分类	标准编号	标准名称	代替标准号	公告文号
1	荒漠化防治	LY/T 2676—2016	半干旱地区灌木林平茬与复壮技术规范		2016 [17]
2	荒漠化防治	LY/T 2770—2016	南方有色金属矿区废弃地植被恢复技术修复规程		2016 [20]
3	荒漠化防治	LY/T 2771—2016	北方地区裸露边坡植被恢复技术规范		2016 [20]
4	荒漠化防治	LY/T 2829—2017	喀斯特石漠化山地经济林栽培技术规程		2017 [11]
5	荒漠化防治	LY/T 2936—2018	荒漠区盐渍化土地生态系统定位观测指标体系		2018 [05]
6	荒漠化防治	LY/T 2959—2018	滨海盐渍土原位隔盐绿化技术规程		2018 [05]
7	荒漠化防治	LY/T 2986—2018	流动沙地立体设置障技术规范		2018 [05]
8	荒漠化防治	LY/T 2994—2018	石漠化治理监测与评价规范		2018 [18]
9	荒漠化防治	LY/T 2995—2018	植物纤维阻沙固沙网		2018 [18]
10	荒漠化防治	LY/T 2996—2018	活沙障技术规程		2018 [18]
11	荒漠化防治	LY/T 2997—2018	高寒区沙化土地综合治理技术标准		2018 [18]
12	林场、公园与保护区	LY/T 2574—2016	国家沙漠公园总体规划编制导则		2016 [01]
13	林场、公园与保护区	LY/T 2575—2016	国家沙漠公园建设导则		2016 [01]
14	林场、公园与保护区	LY/T 2649—2016	自然保护区生物多样性保护价值评估技术规程		2016 [17]
15	林场、公园与保护区	LY/T 2650—2016	自然保护区自然资源适应性经营方案编制导则		2016 [17]
16	林场、公园与保护区	LY/T 2894—2017	国有林场综合评价指标与方法		2017 [18]
17	林场、公园与保护区	LY/T 2895—2017	国有林场抚育间伐施工技能评估规范		2017 [18]
18	林场、公园与保护区	LY/T 2933—2018	国家公园功能分区规范		2018 [05]

续表

序号	分类	标准编号	标准名称	代替标准号	公告文号
19	林场、公园与保护区	LY/T 2937—2018	自然保护区管理计划编制指南		2018 [05]
20	林场、公园与保护区	LY/T 3188—2020	国家公园总体规划技术规范		2020 [06]
21	林场、公园与保护区	LY/T 3189—2020	国家公园资源调查与评价规范		2020 [06]
22	林场、公园与保护区	LY/T 3190—2020	国家公园勘界立标规范		2020 [06]
23	林木栽培技术	LY/T 2629—2016	楠木栽培技术规程		2016 [01]
24	林木栽培技术	LY/T 1528—2016	湿地松速生丰产林栽培技术规程	LY/T 1528—1999	2016 [17]
25	林木栽培技术	LY/T 2694—2016	青冈标准造林技术规程		2016 [17]
26	林木栽培技术	LY/T 2695—2016	锥栗造林技术规程		2016 [17]
27	林木栽培技术	LY/T 2749—2016	桉树速丰林配方施肥技术规程		2016 [19]
28	林木栽培技术	LY/T 2758—2016	皂荚栽培技术规程		2016 [19]
29	林木栽培技术	LY/T 2759—2016	枳椇栽培技术规程		2016 [19]
30	林木栽培技术	LY/T 2761—2016	七叶树栽培技术规程		2016 [19]
31	林木栽培技术	LY/T 2809—2017	杉木大径材培育技术规程		2017 [11]
32	林木栽培技术	LY/T 2812—2017	森林木本植物功能性状测定方法		2017 [11]
33	林木栽培技术	LY/T 2834—2017	柏木用材林栽培技术规程		2017 [11]
34	林木栽培技术	LY/T 2837—2017	云南松抚育经营技术规程		2017 [11]
35	林木栽培技术	LY/T 2909—2017	桉树大径材培育技术规程		2017 [18]
36	林木栽培技术	LY/T 2910—2017	南洋杉用材林培育技术规程		2017 [18]
37	林木栽培技术	LY/T 2960—2018	四川山矾栽培技术规程		2018 [05]

续表

序号	分类	标准编号	标准名称	代替标准号	公告文号
38	林木栽培技术	LY/T 2961—2018	麻栎栽培技术规程		2018 [05]
39	林木栽培技术	LY/T 2962—2018	黄葛树栽培技术规程		2018 [05]
40	林木栽培技术	LY/T 2963—2018	羽叶丁香栽培技术规程		2018 [05]
41	林木栽培技术	LY/T 2965—2018	桉树中大径材培育技术规程		2018 [05]
42	林木栽培技术	LY/T 2966—2018	任豆培育技术规程		2018 [05]
43	林木栽培技术	LY/T 2967—2018	格木丰产林培育技术规程		2018 [05]
44	林木栽培技术	LY/T 2968—2018	北美红枫繁育技术规程		2018 [05]
45	林木栽培技术	LY/T 2973—2018	华山松人工林抚育技术规程		2018 [05]
46	林木栽培技术	LY/T 2974—2018	旱冬瓜培育技术规程		2018 [05]
47	林木栽培技术	LY/T 2975—2018	铁力木培育技术规程		2018 [05]
48	林木栽培技术	LY/T 2976—2018	翘荚木培育技术规程		2018 [05]
49	林木栽培技术	LY/T 2977—2018	蕈蓊培育技术规程		2018 [05]
50	林木栽培技术	LY/T 3092—2019	木麻黄栽培技术规程		2019 [17]
51	林下经济与非木质经营	LY/T 2622—2016	天麻林下栽培技术规程		2016 [01]
52	林下经济与非木质经营	LY/T 2633—2016	龙胆林下栽培技术规程		2016 [01]
53	林下经济与非木质经营	LY/T 2675—2016	石斛种质鉴定技术规范		2016 [17]
54	林下经济与非木质经营	LY/T 2698—2016	铁皮石斛杂交育种技术规程		2016 [17]
55	林下经济与非木质经营	LY/T 2746—2016	果岭式绿地草坪建植与养护技术规程		2016 [19]
56	林下经济与非木质经营	LY/T 2762—2016	毛竹林下多花黄精复合经营技术规程		2016 [19]

续表

序号	分类	标准编号	标准名称	代替标准号	公告文号
57	林下经济与非木质经营	LY/T 2775—2016	黑木耳块生产综合能耗		2016 [20]
58	林下经济与非木质经营	LY/T 2841—2017	黑木耳菌包生产技术规程		2017 [11]
59	林下经济与非木质经营	LY/T 2842—2017	林业常用药剂合理使用准则（一）		2017 [11]
60	林下经济与非木质经营	LY/T 1207—2018	黑木耳块生产技术规程	LY/T 1207—2007	2018 [18]
61	林下经济与非木质经营	LY/T 3010—2018	麻核桃坚果评价技术规范		2018 [18]
62	林下经济与非木质经营	LY/T 3011—2018	榛仁质量等级		2018 [18]
63	林下经济与非木质经营	LY/T 1747—2018	杨梅质量等级	LY/T 1747—2008	2018 [18]
64	林下经济与非木质经营	LY/T 1780—2018	干制红枣质量等级	LY/T 1780—2008	2018 [18]
65	林下经济与非木质经营	LY/T 2135—2018	石榴质量等级	LY/T 2135—2013	2018 [18]
66	林下经济与非木质经营	LY/T 1741—2018	酸角果实	LY/T 1741—2008	2018 [18]
67	林下经济与非木质经营	LY/T 1919—2018	元蘑干制品	LY/T 1919—2010	2018 [18]
68	林下经济与非木质经营	LY/T 1963—2018	澳洲坚果果仁	LY/T 1963—2011	2018 [18]
69	林下经济与非木质经营	LY/T 1921—2018	红松松籽	LY/T 1921—2010	2018 [18]
70	林下经济与非木质经营	LY/T 3046—2018	油茶林下经济作物种植技术规程		2018 [18]
71	林下经济与非木质经营	LY/T 3093—2019	林下种植白及技术规程		2019 [17]
72	林下经济与非木质经营	LY/T 3094—2019	林下种植淫羊藿技术规程		2019 [17]
73	林下经济与非木质经营	LY/T 1651—2019	松口磨采收及保鲜技术规程	LY/T 1651—2005	2019 [17]
74	林下经济与非木质经营	LY/T 3095—2019	大棚冬枣养护管理技术规程		2019 [17]
75	林下经济与非木质经营	LY/T 3096—2019	速冻山野菜		2019 [17]

续表

序号	分类	标准编号	标准名称	代替标准号	公告文号
76	林业信息化	LY/T 2671.1—2016	林业信息基础数据元 第 1 部分：分类		2016 [17]
77	林业信息化	LY/T 2671.3—2016	林业信息基础数据元 标准第 3 部分：命名和标识原则		2016 [17]
78	林业信息化	LY/T 2672—2016	林业信息数据库数据字典规范		2016 [17]
79	林业信息化	LY/T 2413.403—2016	林业物联网 第 403 部分：对象标识符解析系统通用要求		2016 [17]
80	林业信息化	LY/T 2674—2016	野生植物资源调查数据库结构		2016 [17]
81	林业信息化	LY/T 2920—2017	林业信息交换格式		2017 [18]
82	林业信息化	LY/T 2671.2—2017	林业信息基础数据元标准 第 2 部分：基本属性		2017 [18]
83	林业信息化	LY/T 2921—2017	林业数据质量 基本要素		2017 [18]
84	林业信息化	LY/T 2922—2017	林业数据质量 评价方法		2017 [18]
85	林业信息化	LY/T 2923—2017	林业数据质量 数据一致性测试		2017 [18]
86	林业信息化	LY/T 2924—2017	林业数据质量 数据成果质量检查验收		2017 [18]
87	林业信息化	LY/T 2925—2017	林业信息系统质量规范		2017 [18]
88	林业信息化	LY/T 2926—2017	林业信息应用软件质量控制规程		2017 [18]
89	林业信息化	LY/T 2927—2017	林业信息服务 数据质量成果集成规范		2017 [18]
90	林业信息化	LY/T 2928—2017	林业信息系统运行维护管理指南		2017 [18]
91	林业信息化	LY/T 2929—2017	林业网络安全等级保护定级指南		2017 [18]
92	林业信息化	LY/T 2930—2017	林业数据采集规范		2017 [18]
93	林业信息化	LY/T 2931—2017	林业信息产品分类规则		2017 [18]
94	林业信息化	LY/T 3107—2019	柳树品种微卫星标记鉴别技术规程		2019 [17]

续表

序号	分类	标准编号	标准名称	代替标准号	公告文号
95	林业信息化	LY/T 3126—2019	林业空间数据建设框架		2019 [17]
96	林业信息化	LY/T 3127—2019	林业应用系统质量控制与测试		2019 [17]
97	林业信息化	LY/T 3184—2020	虚拟三维林相图制作技术规程		2020 [06]
98	林业信息化	LY/T 3191—2020	林木 DNA 条形码构建技术规程		2020 [06]
99	林业有害生物防治	LY/T 2588—2016	林业有害生物风险分析准则		2016 [01]
100	林业有害生物防治	LY/T 2606—2016	枣实蝇防治技术规程		2016 [01]
101	林业有害生物防治	LY/T 2607—2016	锈色棕榈象检疫技术规程		2016 [01]
102	林业有害生物防治	LY/T 2683—2016	松阿扁叶蜂防治技术规程		2016 [17]
103	林业有害生物防治	LY/T 2686—2016	草履蚧防治技术规程		2016 [17]
104	林业有害生物防治	LY/T 2687—2016	栗山天牛防治技术规程		2016 [17]
105	林业有害生物防治	LY/T 2688—2016	白杨透翅蛾防治技术规程		2016 [17]
106	林业有害生物防治	LY/T 2778—2016	扶桑绵粉蚧防治技术规程		2016 [20]
107	林业有害生物防治	LY/T 2779—2016	薇甘菊检疫技术规程		2016 [20]
108	林业有害生物防治	LY/T 2780—2016	松苗锈病菌检疫技术规程		2016 [20]
109	林业有害生物防治	LY/T 2781—2016	桉树枝瘿姬小蜂检疫技术规程		2016 [20]
110	林业有害生物防治	LY/T 2839—2017	白蜡虫种虫		2017 [11]
111	林业有害生物防治	LY/T 2840—2017	白蜡虫种虫繁育技术规程		2017 [11]
112	林业有害生物防治	LY/T 2843—2017	落叶松叶蜂防治技术规程		2017 [11]
113	林业有害生物防治	LY/T 2844—2017	针叶树苗木立枯病防治技术规程		2017 [11]

续表

序号	分类	标准编号	标准名称	代替标准号	公告文号
114	林业有害生物防治	LY/T 2845—2017	蔗扁蛾防治技术规程		2017 [11]
115	林业有害生物防治	LY/T 2846—2017	甲氨基阿维菌素苯甲酸盐微乳剂使用技术规程		2017 [11]
116	林业有害生物防治	LY/T 2847—2017	噻虫啉微囊剂使用技术规程		2017 [11]
117	林业有害生物防治	LY/T 2848—2017	蜀柏毒蛾防治技术规程		2017 [11]
118	林业有害生物防治	LY/T 2849—2017	抗生育剂防治森林地上害鼠技术规程		2017 [11]
119	林业有害生物防治	LY/T 2850—2017	蠋蝽人工繁育及应用技术规程		2017 [11]
120	林业有害生物防治	LY/T 2851—2017	柏肤小蠹防治技术规程		2017 [11]
121	林业有害生物防治	LY/T 2852—2017	山核桃有害生物防治技术指南		2017 [11]
122	林业有害生物防治	LY/T 2853—2017	红树林主要食叶害虫防治技术规程		2017 [11]
123	林业有害生物防治	LY/T 2906—2017	美国白蛾核型多角体病毒杀虫剂		2017 [18]
124	林业有害生物防治	LY/T 2907—2017	血防林术语		2017 [18]
125	林业有害生物防治	LY/T 2939—2018	枣大球蚧防治技术规程		2018 [05]
126	林业有害生物防治	LY/T 2940—2018	杨干象防治技术规程		2018 [05]
127	林业有害生物防治	LY/T 3026—2018	落叶松鞘蛾防治技术规程		2018 [18]
128	林业有害生物防治	LY/T 3027—2018	沙鼠防治技术规程		2018 [18]
129	林业有害生物防治	LY/T 3028—2018	无人机释放赤眼蜂技术指南		2018 [18]
130	林业有害生物防治	LY/T 3029—2018	杨树烂皮病防治技术规程		2018 [18]
131	林业有害生物防治	LY/T 3030—2018	松毛虫监测预报技术规程		2018 [18]
132	林业有害生物防治	LY/T 3031—2018	竹卵圆蝽综合防治技术规程		2018 [18]

续表

序号	分类	标准编号	标准名称	代替标准号	公告文号
133	林业有害生物防治	LY/T 3075—2018	锈色粒肩天牛检疫技术规程		2018 [18]
134	林业有害生物防治	LY/T 3100—2019	桉树枝瘿姬小蜂防控技术规程		2019 [17]
135	林业有害生物防治	LY/T 3101—2019	林业有害生物代码		2019 [17]
136	林业有害生物防治	LY/T 3102—2019	林业有害生物监测预报数据交换规范		2019 [17]
137	林业有害生物防治	LY/T 3103—2019	云杉矮槲寄生害虫修枝防治技术规程		2019 [17]
138	林业有害生物防治	LY/T 3104—2019	沟眶象和臭椿沟眶象防治技术规程		2019 [17]
139	林业有害生物防治	LY/T 3105—2019	杨直角叶蜂防治技术规程		2019 [17]
140	林业有害生物防治	LY/T 3111—2019	动物园陆生野生动物疫病防控技术通则		2019 [17]
141	林业有害生物防治	LY/T 1829—2020	林业植物产地检疫技术规程	LY/T 1829—2009	2020 [06]
142	森林防火	LY/T 2576—2016	雷击森林火灾调查与鉴定规程		2016 [01]
143	森林防火	LY/T 2577—2016	森林消防车辆外观制式涂装规范		2016 [01]
144	森林防火	LY/T 2578—2016	森林火险预警信号分级及标识		2016 [01]
145	森林防火	LY/T 2579—2016	森林火险监测站技术规范		2016 [01]
146	森林防火	LY/T 2580—2016	森林防火通信车通用技术要求		2016 [01]
147	森林防火	LY/T 2581—2016	森林防火视频监控系统技术规范		2016 [01]
148	森林防火	LY/T 2582—2016	森林防火视频监控图像联网技术规范		2016 [01]
149	森林防火	LY/T 2583—2016	森林防火避火罩		2016 [01]
150	森林防火	LY/T 2584—2016	森林防火 VSAT 卫星通信系统建设技术规范		2016 [01]
151	森林防火	LY/T 2585—2016	森林火灾信息处置规范		2016 [01]

续表

序号	分类	标准编号	标准名称	代替标准号	公告文号
152	森林防火	LY/T 2662—2016	森林防火安全标志及设置要求		2016 [17]
153	森林防火	LY/T 2663—2016	森林防火地理信息系统技术要求		2016 [17]
154	森林防火	LY/T 2664—2016	森林防火数字超短波通信系统技术规范		2016 [17]
155	森林防火	LY/T 2665—2016	森林火险因子采集建设及采集技术规范		2016 [17]
156	森林防火	LY/T 2666—2016	东北、内蒙古边境森林防火阻隔系统建设技术规范		2016 [17]
157	森林防火	LY/T 2667—2016	森林防火滴油式点火器通用技术条件		2016 [17]
158	森林防火	LY/T 2668—2016	森林防火人员佩戴标志		2016 [17]
159	森林防火	LY/T 2795—2017	森林防火指挥调度系统技术要求		2017 [11]
160	森林防火	LY/T 2796—2017	森林消防指挥员业务培训规范		2017 [11]
161	森林防火	LY/T 2797—2017	森林消防队员技能考核规范		2017 [11]
162	森林防火	LY/T 2798—2017	森林防火宣传设施设置规范		2017 [11]
163	森林防火	LY/T 2799—2017	东北、内蒙古林区改培型防火林带技术规程		2017 [11]
164	森林防火	LY/T 2827—2017	防护林体系规划技术规程		2017 [11]
165	森林防火	LY/T 2828—2017	防护林体系设计技术规程		2017 [11]
166	森林基地	LY/T 2788—2017	森林体验基地质量评定		2017 [11]
167	森林基地	LY/T 2789—2017	森林养生基地质量评定		2017 [11]
168	森林基地	LY/T 2790—2017	国家森林步道建设规范		2017 [11]
169	森林基地	LY/T 2791—2017	生态露营地建设与管理规范		2017 [11]
170	森林基地	LY/T 2934—2018	森林康养基地质量评定		2018 [05]

续表

序号	分类	标准编号	标准名称	代替标准号	公告文号
171	森林基地	LY/T 2935—2018	森林康养基地总体规划导则		2018 [05]
172	森林经营	LY/T 2616—2016	生物防火林带经营管护技术规程		2016 [01]
173	森林经营	LY/T 2697—2016	马尾松抚育经营技术规程		2016 [17]
174	森林经营	LY/T 2764—2016	西南亚高山退化森林恢复与可持续经营技术规范		2016 [19]
175	森林经营	LY/T 2765—2016	南亚热带马尾松人工林碳汇减排经营技术规程		2016 [19]
176	森林经营	LY/T 2810—2017	结构化森林经营技术规程		2017 [11]
177	森林经营	LY/T 2811—2017	结构化森林经营数据调查技术规程		2017 [11]
178	森林经营	LY/T 2831—2017	燕山山地油松人工林多功能经营技术规程		2017 [11]
179	森林经营	LY/T 2832—2017	生态公益林多功能经营指南		2017 [11]
180	森林经营	LY/T 2911—2017	油松林近自然抚育经营技术规程	LY/T 1444.1—2015 LY/T 1444.2—2015 LY/T 1444.3—2015 LY/T 1444.4—2015 LY/T 1444.5—2005 LY/T 1444.6—2015	2017 [18]
181	森林经营	LY/T 1444—2017	林区木材生产综合能耗		2017 [18]
182	森林经营	LY/T 2957—2018	南方集体林区天然次生自然森林经营技术规程		2018 [05]
183	森林经营	LY/T 2971—2018	油松人工林经营技术规程		2018 [05]
184	森林经营	LY/T 3115—2019	森林采伐工程施工实施指南		2019 [17]

续表

序号	分类	标准编号	标准名称	代替标准号	公告文号
185	森林认证	LY/T 2601—2016	中国森林认证 生产经营性珍稀濒危野生动物饲养管理 审核导则		2016 [01]
186	森林认证	LY/T 2602—2016	中国森林认证 生产经营性珍稀濒危植物经营		2016 [01]
187	森林认证	LY/T 2603—2016	中国森林认证 生产经营性珍稀濒危植物经营审核导则		2016 [01]
188	森林认证	LY/T 2604—2016	中国森林认证 森林生态环境服务自然保护区操作指南		2016 [01]
189	森林认证	LY/T 2605—2016	中国森林认证 森林公园生态环境服务操作指南		2016 [01]
190	森林认证	LY/T 2999—2018	中国森林认证 野生动物饲养管理 操作指南		2018 [18]
191	森林认证	LY/T 3116—2019	中国森林认证 碳中和产品		2019 [17]
192	森林认证	LY/T 3117—2019	中国森林认证 森林消防队建设		2019 [17]
193	森林认证	LY/T 2279—2019	中国森林认证 野生动物饲养管理	LY/T 2279—2014	2019 [17]
194	森林认证	LY/T 3118—2019	中国森林认证 标识		2019 [17]
195	森林生态保护与修复	LY/T 2573—2016	退耕还林工程生态效益监测与评估规范		2016 [01]
196	森林生态保护与修复	LY/T 2586—2016	空气负（氧）离子浓度观测技术规范		2016 [01]
197	森林生态保护与修复	LY/T 2587—2016	空气负（氧）离子浓度监测站点建设技术规范		2016 [01]
198	森林生态保护与修复	LY/T 2648—2016	林用药剂安全使用准则		2016 [17]
199	森林生态保护与修复	LY/T 2651—2016	退化森林生态系统恢复与重建技术规程		2016 [17]
200	森林生态保护与修复	LY/T 2786—2017	三北防护林退化林分修复技术规程		2017 [11]
201	森林生态保护与修复	LY/T 2792—2017	戈壁生态系统服务评估规范		2017 [11]
202	森林生态保护与修复	LY/T 2793—2017	戈壁生态系统定位观测指标体系		2017 [11]

续表

序号	分类	标准编号	标准名称	代替标准号	公告文号
203	森林生态保护与修复	LY/T 2794—2017	红树林湿地健康评价技术规程		2017 [11]
204	森林生态保护与修复	LY/T 2892—2017	平原绿化工程建设技术规范		2017 [18]
205	森林生态保护与修复	LY/T 2897—2017	天然林保护工程生态效益评估数据获取方法		2017 [18]
206	森林生态保护与修复	LY/T 2898—2017	湿地生态系统定位观测技术规范		2017 [18]
207	森林生态保护与修复	LY/T 2899—2017	湿地生态系统服务评估规范		2017 [18]
208	森林生态保护与修复	LY/T 2900—2017	湿地生态系统定位观测研究站建设规程		2017 [18]
209	森林生态保护与修复	LY/T 2901—2017	湖泊湿地生态定位观测技术规范		2017 [18]
210	森林生态保护与修复	LY/T 2902—2017	岩溶石漠生态系统服务评估规范		2017 [18]
211	森林生态保护与修复	LY/T 2903—2017	荒漠生态系统观测场及长期固定样地的分类和编码		2017 [18]
212	森林生态保护与修复	LY/T 2964—2018	三峡库区消落带植被生态修复技术规程		2018 [05]
213	森林生态保护与修复	LY/T 2988—2018	森林生态系统碳储量计量指南		2018 [18]
214	森林生态保护与修复	LY/T 2989—2018	城市生态系统定位观测研究站建设技术规范		2018 [18]
215	森林生态保护与修复	LY/T 2990—2018	城市生态系统定位观测指标体系		2018 [18]
216	森林生态保护与修复	LY/T 2991—2018	煤矸石山生态修复综合技术规范		2018 [18]
217	森林生态保护与修复	LY/T 3097—2019	长江中下游滩地人工林生态系统监测指标与方法		2019 [17]
218	森林生态保护与修复	LY/T 3098—2019	长江中下游防护林工程效益监测与评价		2019 [17]
219	森林生态保护与修复	LY/T 3179—2020	退化防护林修复技术规程		2020 [06]
220	森林生态保护与修复	LY/T 3180—2020	干旱干热河谷区退化林地土壤修复技术规程		2020 [06]
221	森林生态保护与修复	LY/T 3181—2020	森林生态旅游碳低碳化管理导则		2020 [06]

续表

序号	分类	标准编号	标准名称	代替标准号	公告文号
222	森林生态保护与修复	LY/T 3182—2020	森林生态旅游地木（竹）材产品使用技术要求		2020 [06]
223	森林生态保护与修复	LY/T 1840—2020	喀斯特地区植被恢复技术规程	LY/T 1840—2009	2020 [06]
224	森林调查与测树	LY/T 2654—2016	立木生物量模型及碳计量参数 落叶松		2016 [17]
225	森林调查与测树	LY/T 2655—2016	立木生物量模型及碳计量参数 云杉		2016 [17]
226	森林调查与测树	LY/T 2656—2016	立木生物量模型及碳计量参数 冷杉		2016 [17]
227	森林调查与测树	LY/T 2657—2016	立木生物量模型及碳计量参数 柳杉		2016 [17]
228	森林调查与测树	LY/T 2658—2016	立木生物量模型及碳计量参数 柏树		2016 [17]
229	森林调查与测树	LY/T 2659—2016	立木生物量模型及碳计量参数 桦树		2016 [17]
230	森林调查与测树	LY/T 2660—2016	立木生物量模型及碳计量参数 木荷		2016 [17]
231	森林调查与测树	LY/T 2661—2016	立木生物量模型及碳计量参数 枫香		2016 [17]
232	森林调查与测树	LY/T 2669—2016	林内空气颗粒物监测技术规程		2016 [17]
233	森林调查与测树	LY/T 2670—2016	植物排放挥发性有机物测定技术规程		2016 [17]
234	森林调查与测树	LY/T 2673—2016	森林植被对空气颗粒物的影响评价技术规程		2016 [17]
235	森林调查与测树	LY/T 2893—2017	林地变更调查技术规程		2017 [18]
236	森林调查与测树	LY/T 2908—2017	主要树种龄级与龄组划分		2017 [18]
237	森林调查与测树	LY/T 3128—2019	森林植物分类、调查与制图规范		2019 [17]
238	森林调查与测树	LY/T 3129—2019	森林土壤铜、锌、铁、锰全量的测定电感耦合等离子体发射光谱法		2019 [17]
239	森林调查与测树	LY/T 3183—2020	林分形高表编制技术规程		2020 [06]

续表

序号	分类	标准编号	标准名称	代替标准号	公告文号
240	野生动植物保护与繁育	LY/T 2589—2016	珍稀濒危植物回归指南		2016 [01]
241	野生动植物保护与繁育	LY/T 2590—2016	珍稀濒危野生植物种子采集技术规程		2016 [01]
242	野生动植物保护与繁育	LY/T 2652—2016	极小种群野生植物保护与扩繁技术规程		2016 [17]
243	野生动植物保护与繁育	LY/T 2653—2016	大熊猫栖息地适宜性评估规范		2016 [17]
244	野生动植物保护与繁育	LY/T 2689—2016	貂、狐、貉繁育利用规范		2016 [17]
245	野生动植物保护与繁育	LY/T 2690—2016	野生动物饲养管理技术规程 红腹锦鸡		2016 [17]
246	野生动植物保护与繁育	LY/T 2737—2016	古树名木鉴定规范		2016 [19]
247	野生动植物保护与繁育	LY/T 2738—2016	古树名木普查技术规范		2016 [19]
248	野生动植物保护与繁育	LY/T 2767—2016	野外大熊猫救护及放归规范		2016 [20]
249	野生动植物保护与繁育	LY/T 2768—2016	建设项目对大熊猫影响评价方法		2016 [20]
250	野生动植物保护与繁育	LY/T 2769—2016	大熊猫国内借展场馆设计规范		2016 [20]
251	野生动植物保护与繁育	LY/T 2805—2017	陆生野生动物及其产品处置规程		2017 [11]
252	野生动植物保护与繁育	LY/T 1783—2017	黑熊繁育利用技术规范	LY/T 1783—2008	2017 [11]
253	野生动植物保护与繁育	LY/T 2806—2017	野生动物饲养从业人员要求		2017 [11]
254	野生动植物保护与繁育	LY/T 2807—2017	野生动物饲养管理技术规程 雁类		2017 [11]
255	野生动植物保护与繁育	LY/T 2808—2017	野生动物饲养场建设和管理规范 鸵鸟场		2017 [11]
256	野生动植物保护与繁育	LY/T 2896—2017	大熊猫种群遗传档案建立技术规范		2017 [18]
257	野生动植物保护与繁育	LY/T 2938—2018	极小种群野生植物保护原则与方法		2018 [05]
258	野生动植物保护与繁育	LY/T 2970—2018	古树名木生态环境检测技术规程		2018 [05]

续表

序号	分类	标准编号	标准名称	代替标准号	公告文号
259	野生动植物保护与繁育	LY/T 2978—2018	野生动物饲养管理技术规程 丹顶鹤		2018 [05]
260	野生动植物保护与繁育	LY/T 2979—2018	野生动物产品 鸵鸟蛋		2018 [05]
261	野生动植物保护与繁育	LY/T 2980—2018	野生动物饲养管理技术规程 狍		2018 [05]
262	野生动植物保护与繁育	LY/T 2981—2018	野生动物饲养管理技术规程 东方白鹳		2018 [05]
263	野生动植物保护与繁育	LY/T 3073—2018	古树名木管护技术规程		2018 [18]
264	野生动植物保护与繁育	LY/T 3086.1—2019	极小种群野生植物保护技术 第1部分 就地保护及生境修复技术规程		2019 [17]
265	野生动植物保护与繁育	LY/T 3108—2019	棕榈藤植物标本制作规程		2019 [17]
266	野生动植物保护与繁育	LY/T 3112—2019	孤人工授精技术规程		2019 [17]
267	野生动植物保护与繁育	LY/T 3113—2019	东北虎野外种群及栖息地监测技术规程		2019 [17]
268	野生动植物保护与繁育	LY/T 3114—2019	松嫩平原丹顶鹤种群保护技术规程		2019 [17]
269	野生动植物保护与繁育	LY/T 3185—2020	极小种群野生植物野外回归技术规范		2020 [06]
270	野生动植物保护与繁育	LY/T 3186—2020	极小种群野生植物苗木繁育技术规程		2020 [06]
271	野生动植物保护与繁育	LY/T 3187—2020	极小种群野生植物种质资源保存技术规程		2020 [06]
272	营造林	LY/T 2591—2016	长白山林区森林抚育技术规程		2016 [01]
273	营造林	LY/T 2592—2016	东北东部山地森林抚育技术规程		2016 [01]
274	营造林	LY/T 2593—2016	大兴安岭森林抚育技术规程		2016 [01]
275	营造林	LY/T 2594—2016	西北林区人工林抚育技术规程		2016 [01]
276	营造林	LY/T 2595—2016	黄土丘陵沟壑区水土保持林营造技术规程		2016 [01]

续表

序号	分类	标准编号	标准名称	代替标准号	公告文号
277	营造林	LY/T 2623—2016	太行山石灰岩山地造林地造林技术规程		2016 [01]
278	营造林	LY/T 2639—2016	华北地区河溪植被缓冲带建设技术规程		2016 [01]
279	营造林	LY/T 2645—2016	乡村绿化技术规程		2016 [17]
280	营造林	LY/T 2646—2016	城乡接合部绿化技术指南		2016 [17]
281	营造林	LY/T 2647—2016	通道绿化技术规程		2016 [17]
282	营造林	LY/T 2743—2016	碳汇造林项目设计文件编制指南		2016 [19]
283	营造林	LY/T 2744—2016	碳汇造林项目监测报告编制指南		2016 [19]
284	营造林	LY/T 2482.3—2016	东北、内蒙古林区森林抚育技术要求 第 3 部分：长白山林区		2016 [19]
285	营造林	LY/T 2753—2016	白蜡造林技术规程		2016 [19]
286	营造林	LY/T 2787—2017	国家储备林培育技术规程		2017 [11]
287	营造林	LY/T 2813—2017	木荷防火林带营造技术规程		2017 [11]
288	营造林	LY/T 2830—2017	燕山太行山森林培育技术规程		2017 [11]
289	营造林	LY/T 2833—2017	南方地区幼林抚育技术规程		2017 [11]
290	营造林	LY/T 1690—2017	低效林改造技术规程	LY/T 1690—2007	2017 [18]
291	营造林	LY/T 2969—2018	东北、内蒙古林区低效改造技术要求和工程实施指南		2018 [05]
292	营造林	LY/T 2972—2018	困难立地红树林造林技术规程		2018 [05]
293	营造林	LY/T 2992—2018	长江以北海岸带盐碱地造林技术规程		2018 [18]
294	营造林	LY/T 3047—2018	日本落叶松纸浆林定向培育技术规程		2018 [18]

续表

序号	分类	标准编号	标准名称	代替标准号	公告文号
295	营造林	LY/T 3048—2018	麻栎炭用林培育技术规程		2018 [18]
296	营造林	LY/T 3049—2018	任豆丰产林栽培技术规程		2018 [18]
297	营造林	LY/T 3173—2020	南方型黑杨速生丰产林培育技术规程		2020 [06]
298	营造林	LY/T 3178—2020	西北华北山地灰生林经营技术规程		2020 [06]
299	育苗技术	LY/T 2619—2016	岩桂育苗技术规程		2016 [01]
300	育苗技术	LY/T 2620—2016	西南桦无性系组培育苗技术规程		2016 [01]
301	育苗技术	LY/T 2621—2016	乌桕育苗技术规程		2016 [01]
302	育苗技术	LY/T 2628—2016	柠条播种育苗技术		2016 [01]
303	育苗技术	LY/T 2630—2016	南京椴容器苗育苗技术规程		2016 [01]
304	育苗技术	LY/T 2631—2016	毛叶姜子育苗技术规程		2016 [01]
305	育苗技术	LY/T 2632—2016	绿化全冠苗木栽植技术规程		2016 [01]
306	育苗技术	LY/T 2634—2016	榉树大田扦插育苗技术规程		2016 [01]
307	育苗技术	LY/T 2635—2016	降香黄檀轻基质容器育苗技术规程		2016 [01]
308	育苗技术	LY/T 2636—2016	灰木莲育苗技术规程		2016 [01]
309	育苗技术	LY/T 2637—2016	华南厚皮香大苗培育技术规程		2016 [01]
310	育苗技术	LY/T 2638—2016	华北落叶松种子园营建技术规程		2016 [01]
311	育苗技术	LY/T 2640—2016	胡杨播种育苗及造林技术规程		2016 [01]
312	育苗技术	LY/T 2642—2016	杜仲嫁接育苗技术规程		2016 [01]
313	育苗技术	LY/T 2643—2016	刺楸播种育苗技术规程		2016 [01]

续表

序号	分类	标准编号	标准名称	代替标准号	公告文号
314	育苗技术	LY/T 2644—2016	柏木林抚育技术规程		2016 [01]
315	育苗技术	LY/T 2684—2016	榉树大苗培育技术规程		2016 [17]
316	育苗技术	LY/T 2692—2016	榉树育苗技术规程		2016 [17]
317	育苗技术	LY/T 2699—2016	大叶冬青育苗技术规程		2016 [17]
318	育苗技术	LY/T 2748—2016	榉树扦插育苗技术规程		2016 [19]
319	育苗技术	LY/T 2752—2016	林木轻基质无纺布容器育苗技术规程		2016 [19]
320	育苗技术	LY/T 2756—2016	白蜡品种分子鉴定方法 SRAP 分子标记法		2016 [19]
321	育苗技术	LY/T 2782—2016	全缘栾树苗木培育技术规程		2016 [20]
322	育苗技术	LY/T 2804—2017	薄壳山核桃遗传资源调查编目技术规程		2017 [11]
323	育苗技术	LY/T 2836—2017	赤皮青冈育苗技术规程		2017 [11]
324	育苗技术	LY/T 2913—2017	秀丽槭播种育苗技术规程		2017 [18]
325	育苗技术	LY/T 2290—2018	林木种苗标签	LY/T 2290—2014	2018 [05]
326	育苗技术	LY/T 2280—2018	林木种苗生产经营档案	LY/T 2280—2014	2018 [05]
327	育苗技术	LY/T 2941—2018	林木轻基质产品及检测技术规程		2018 [05]
328	育苗技术	LY/T 2942—2018	山苍子苗木培育及质量等级		2018 [05]
329	育苗技术	LY/T 2943—2018	印度紫檀育苗技术规程		2018 [05]
330	育苗技术	LY/T 2944—2018	大叶相思容器育苗技术规程		2018 [05]
331	育苗技术	LY/T 2945—2018	白皮松容器育苗技术规程		2018 [05]
332	育苗技术	LY/T 2946—2018	流苏育苗技术规程		2018 [05]

续表

序号	分类	标准编号	标准名称	代替标准号	公告文号
333	育苗技术	LY/T 2947—2018	玉簪种苗生产技术及质量要求		2018 [05]
334	育苗技术	LY/T 2948—2018	桤木轻基质容器育苗技术规程		2018 [05]
335	育苗技术	LY/T 2949—2018	青海云杉播种育苗及造林技术规程		2018 [05]
336	育苗技术	LY/T 2950—2018	桂花观赏苗木培育技术规程和质量等级		2018 [05]
337	育苗技术	LY/T 2985—2018	唐古特白刺硬枝扦插繁殖技术规程		2018 [05]
338	育苗技术	LY/T 3006—2018	辣木籽质量等级		2018 [18]
339	育苗技术	LY/T 3061—2018	樟树嫩枝扦插育苗技术规程		2018 [18]
340	育苗技术	LY/T 3062—2018	芳樟杆插采穗圃营建技术规程		2018 [18]
341	育苗技术	LY/T 3063—2018	干旱荒漠区樟子松育苗技术规程		2018 [18]
342	育苗技术	LY/T 3064—2018	平枝栒子育苗技术规程		2018 [18]
343	育苗技术	LY/T 3065—2018	水栒子播种育苗技术规程		2018 [18]
344	育苗技术	LY/T 3066—2018	湿地松嫩枝扦插育苗技术规程		2018 [18]
345	育苗技术	LY/T 3067—2018	崖柏播种和扦插育苗技术规程		2018 [18]
346	育苗技术	LY/T 3068—2018	毛梾育苗技术规程		2018 [18]
347	育苗技术	LY/T 3069—2018	欧洲花楸播种育苗技术规程		2018 [18]
348	育苗技术	LY/T 3071—2018	刺槐硬枝扦插育苗技术规程		2018 [18]
349	育苗技术	LY/T 3072—2018	秋枫播种育苗技术规程		2018 [18]
350	育苗技术	LY/T 3074—2018	沙棘种质资源异地保存库营建技术规程		2018 [18]
351	育苗技术	LY/T 3087—2019	红楠育苗技术规程		2019 [17]

续表

序号	分类	标准编号	标准名称	代替标准号	公告文号
352	育苗技术	LY/T 3088—2019	无患子播种育苗技术规程		2019 [17]
353	育苗技术	LY/T 3089—2019	冬青播种育苗技术规程		2019 [17]
354	育苗技术	LY/T 2311—2019	青钱柳育苗技术规程	LY/T 2311—2014	2019 [17]
355	育苗技术	LY/T 3090—2019	阔叶箬竹无性繁殖育苗技术规程		2019 [17]
356	育苗技术	LY/T 3091—2019	火力楠育苗技术规程		2019 [17]
357	育苗技术	LY/T 3106—2019	林木种子包装		2019 [17]
358	植物新品种	LY/T 2596—2016	植物新品种特异性、一致性、稳定性测试指南 榆属		2016 [01]
359	植物新品种	LY/T 2597—2016	植物新品种特异性、一致性、稳定性测试指南 崖柏属		2016 [01]
360	植物新品种	LY/T 2598—2016	植物新品种特异性、一致性、稳定性测试指南 松属		2016 [01]
361	植物新品种	LY/T 2599—2016	植物新品种特异性、一致性、稳定性测试指南 蛇葡萄属		2016 [01]
362	植物新品种	LY/T 2600—2016	植物新品种特异性、一致性、稳定性测试指南 桉属 双荚盖亚属		2016 [01]
363	植物新品种	LY/T 2739—2016	植物新品种特异性、一致性、稳定性测试指南 罗汉松属		2016 [19]
364	植物新品种	LY/T 2740—2016	植物新品种特异性、一致性、稳定性测试指南 红豆杉属		2016 [19]
365	植物新品种	LY/T 2741—2016	植物新品种特异性、一致性、稳定性测试指南 油桐		2016 [19]
366	植物新品种	LY/T 2742—2016	植物新品种特异性、一致性、稳定性测试指南 油茶		2016 [19]
367	植物新品种	LY/T 2801—2017	植物新品种特异性、一致性、稳定性测试指南 椴属		2017 [11]
368	植物新品种	LY/T 2802—2017	植物新品种特异性、一致性、稳定性测试指南 白蜡树属		2017 [11]
369	植物新品种	LY/T 2803—2017	植物新品种特异性、一致性、稳定性测试指南 忍冬属		2017 [11]

续表

序号	分类	标准编号	标准名称	代替标准号	公告文号
370	植物新品种	LY/T 3000—2018	植物新品种特异性、一致性、稳定性测试指南 银杏		2018 [18]
371	植物新品种	LY/T 3001—2018	植物新品种特异性、一致性、稳定性测试指南 木瓜属		2018 [18]
372	植物新品种	LY/T 3002—2018	植物新品种特异性、一致性、稳定性测试指南 圆柏属		2018 [18]
373	植物新品种	LY/T 3003—2018	植物新品种特异性、一致性、稳定性测试指南 杉木属		2018 [18]
374	植物新品种	LY/T 3119—2019	植物新品种特异性、一致性和稳定性测试指南 刚竹属		2019 [17]
375	植物新品种	LY/T 3120—2019	植物新品种特异性、一致性、稳定性测试指南 女贞属		2019 [17]
376	植物新品种	LY/T 3121—2019	植物新品种特异性、一致性和稳定性测试指南 樟属		2019 [17]
377	植物新品种	LY/T 3122—2019	植物新品种特异性、一致性、稳定性测试指南 爬山虎属		2019 [17]
378	植物新品种	LY/T 3123—2019	植物新品种特异性、一致性、稳定性测试指南 金合欢属（叶状柄类）		2019 [17]
379	植物新品种	LY/T 3124—2019	植物新品种特异性、一致性、稳定性测试指南 箬竹属		2019 [17]
380	植物新品种	LY/T 3206—2020	植物新品种特异性、一致性、稳定性测试指南 叶子花属		2020 [06]
381	植物新品种	LY/T 3207—2020	植物新品种特异性、一致性、稳定性测试指南 枫香属		2020 [06]
382	植物新品种	LY/T 3208—2020	植物新品种特异性、一致性、稳定性测试指南 山楂属		2020 [06]
383	植物新品种	LY/T 3209—2020	植物新品种特异性、一致性、稳定性测试指南 木槿和木槿		2020 [06]
384	植物新品种	LY/T 3210—2020	植物新品种特异性、一致性、稳定性测试指南 欧李		2020 [06]
385	植物新品种	LY/T 3211—2020	植物新品种特异性、一致性、稳定性测试指南 扁桃		2020 [06]
386	经济林与花卉培育	LY/T 2617—2016	红椎目标树选择技术规程		2016 [01]
387	经济林与花卉培育	LY/T 2618—2016	红椎大径级目标树经营技术规程		2016 [01]

续表

序号	分类	标准编号	标准名称	代替标准号	公告文号
388	经济林与花卉培育	LY/T 2624—2016	笋用丛生竹培育技术规程		2016 [01]
389	经济林与花卉培育	LY/T 2625—2016	纸浆用丛生竹培育技术规程		2016 [01]
390	经济林与花卉培育	LY/T 2627—2016	沙冬青平茬技术规范		2016 [01]
391	经济林与花卉培育	LY/T 2677—2016	油茶整形修剪技术规程		2016 [17]
392	经济林与花卉培育	LY/T 2678—2016	油茶栽培品种配置技术规程		2016 [17]
393	经济林与花卉培育	LY/T 2679—2016	油茶高接换冠技术规程		2016 [17]
394	经济林与花卉培育	LY/T 2680—2016	油茶主要害虫生物综合防治技术规程		2016 [17]
395	经济林与花卉培育	LY/T 2681—2016	东京野茉莉播种育苗技术规程		2016 [17]
396	经济林与花卉培育	LY/T 2682—2016	中国四照花播种育苗技术规程		2016 [17]
397	经济林与花卉培育	LY/T 2691—2016	山杏栽培技术规范		2016 [17]
398	经济林与花卉培育	LY/T 2693—2016	白木栽培技术规程		2016 [17]
399	经济林与花卉培育	LY/T 2696—2016	大白杜鹃育苗技术规程		2016 [17]
400	经济林与花卉培育	LY/T 2700—2016	花木栽培基质		2016 [17]
401	经济林与花卉培育	LY/T 2701—2016	黄褐毛忍冬育苗技术规程		2016 [17]
402	经济林与花卉培育	LY/T 2702—2016	榛坚果贮藏技术规程		2016 [17]
403	经济林与花卉培育	LY/T 2703—2016	薄壳山核桃坚果和果仁质量等级		2016 [17]
404	经济林与花卉培育	LY/T 2736—2016	经济林名词术语		2016 [19]
405	经济林与花卉培育	LY/T 2745—2016	仁用杏品种鉴定技术规程——SSR 分子标记法		2016 [19]
406	经济林与花卉培育	LY/T 2747—2016	芍药无土栽培生产技术规范		2016 [19]

续表

序号	分类	标准编号	标准名称	代替标准号	公告文号
407	经济林与花卉培育	LY/T 2750—2016	油茶施肥技术规程		2016 [19]
408	经济林与花卉培育	LY/T 2751—2016	金花茶育苗技术规程		2016 [19]
409	经济林与花卉培育	LY/T 2754—2016	无花果硬枝扦插技术规程		2016 [19]
410	经济林与花卉培育	LY/T 2755—2016	果桑栽培技术规程		2016 [19]
411	经济林与花卉培育	LY/T 2757—2016	山茶扦插苗生产技术规程		2016 [19]
412	经济林与花卉培育	LY/T 2760—2016	牛心柿培育技术规程		2016 [19]
413	经济林与花卉培育	LY/T 2763—2016	无核枣迁子培育技术规程		2016 [19]
414	经济林与花卉培育	LY/T 2766—2016	银杏核用品种选育程序与要求		2016 [19]
415	经济林与花卉培育	LY/T 2772—2016	地被菊繁殖技术规程		2016 [20]
416	经济林与花卉培育	LY/T 2773—2016	绿地月季栽培养护技术规程		2016 [20]
417	经济林与花卉培育	LY/T 2774—2016	板栗生产技术规程		2016 [20]
418	经济林与花卉培育	LY/T 2783—2016	油橄榄采穗圃营建技术规程		2016 [20]
419	经济林与花卉培育	LY/T 2784—2016	油橄榄高接换优技术规程		2016 [20]
420	经济林与花卉培育	LY/T 2785—2016	文冠果播种育苗技术规程		2016 [20]
421	经济林与花卉培育	LY/T 2800—2017	经济林产品质量安全监测技术规程		2017 [11]
422	经济林与花卉培育	LY/T 2814—2017	川山紫栽培技术规程		2017 [11]
423	经济林与花卉培育	LY/T 2815—2017	金槐栽培技术规程		2017 [11]
424	经济林与花卉培育	LY/T 2816—2017	山核黄育苗技术规程		2017 [11]
425	经济林与花卉培育	LY/T 2817—2017	山桐子栽培技术规程		2017 [11]

序号	分类	标准编号	标准名称	代替标准号	公告文号
426	经济林与花卉培育	LY/T 2818—2017	香桂栽培技术规程		2017 [11]
427	经济林与花卉培育	LY/T 2819—2017	塔拉育苗技术规程		2017 [11]
428	经济林与花卉培育	LY/T 2820—2017	齿瓣石斛育苗技术规程		2017 [11]
429	经济林与花卉培育	LY/T 2821—2017	甜菜树培育技术规程		2017 [11]
430	经济林与花卉培育	LY/T 2822—2017	紫竹材用林丰产栽培技术规程		2017 [11]
431	经济林与花卉培育	LY/T 2823—2017	川滇桤木速生丰产林		2017 [11]
432	经济林与花卉培育	LY/T 2824—2017	杏栽培技术规程		2017 [11]
433	经济林与花卉培育	LY/T 2825—2017	枣栽培技术规程		2017 [11]
434	经济林与花卉培育	LY/T 2826—2017	李栽培技术规程		2017 [11]
435	经济林与花卉培育	LY/T 2835—2017	酒竹栽培技术规程		2017 [11]
436	经济林与花卉培育	LY/T 1497—2017	枣优质丰产栽培技术规程	LY/T 1497—1999	2017 [11]
437	经济林与花卉培育	LY/T 1337—2017	板栗优质丰产栽培技术规程	LY/T 1337—1999	2017 [11]
438	经济林与花卉培育	LY/T 1558—2017	仁用杏优质丰产栽培技术规程	LY/T 1558—2000	2017 [11]
439	经济林与花卉培育	LY/T 2838—2017	刺梨培育技术规程		2017 [11]
440	经济林与花卉培育	LY/T 2854—2017	山茶花嫁接技术规程		2017 [11]
441	经济林与花卉培育	LY/T 2855—2017	三色堇盆花生产技术规程		2017 [11]
442	经济林与花卉培育	LY/T 2856—2017	马拉巴栗盆栽生产技术规程		2017 [11]
443	经济林与花卉培育	LY/T 2857—2017	杜鹃花绿地栽培养护技术规程		2017 [11]
444	经济林与花卉培育	LY/T 2858—2017	花卉种质资源库建设导则		2017 [11]

续表

序号	分类	标准编号	标准名称	代替标准号	公告文号
445	经济林与花卉培育	LY/T 2912—2017	太子参培育技术规程		2017 [18]
446	经济林与花卉培育	LY/T 1327—2017	油桐林培育技术规程	LY/T 1327—2006	2017 [18]
				LY/T 2539—2015	
447	经济林与花卉培育	LY/T 2914—2017	花椒栽培技术规程		2017 [18]
448	经济林与花卉培育	LY/T 2915—2017	长柄扁桃栽培技术规程		2017 [18]
449	经济林与花卉培育	LY/T 2951—2018	藤本月季栽培技术规程		2018 [05]
450	经济林与花卉培育	LY/T 2952—2018	八角莲栽培技术规程		2018 [05]
451	经济林与花卉培育	LY/T 2953—2018	亚高山树状杜鹃栽培技术规程		2018 [05]
452	经济林与花卉培育	LY/T 2954—2018	盆栽菊花栽培技术规程		2018 [05]
453	经济林与花卉培育	LY/T 2955—2018	油茶主要性状调查测定规范		2018 [05]
454	经济林与花卉培育	LY/T 2956—2018	金花茶栽培技术规程		2018 [05]
455	经济林与花卉培育	LY/T 2958—2018	油用牡丹栽培技术规程		2018 [05]
456	经济林与花卉培育	LY/T 3004.1—2018	核桃标准综合体第 1 部分 核桃名词术语	LY/T 1329—1999	2018 [18]
		LY/T 3004.2—2018	核桃标准综合体第 2 部分 核桃良种选育标准	LY/T 1883—2010	
		LY/T 3004.3—2018	核桃标准综合体第 3 部分 核桃嫁接育苗培育和分级标准	LY/T 1884—2010	
		LY/T 3004.4—2018	核桃标准综合体第 4 部分 核桃优质丰产栽培技术规程	LY/T 2531—2015	
		LY/T 3004.5—2018	核桃标准综合体第 5 部分 核桃改劣换优技术规程		
		LY/T 3004.6—2018	核桃标准综合体第 6 部分 核桃采收和采后处理		
		LY/T 3004.7—2018	核桃标准综合体第 7 部分 核桃坚果丰产指标		
		LY/T 3004.8—2018	核桃标准综合体第 8 部分 核桃坚果质量及检测		

续表

序号	分类	标准编号	标准名称	代替标准号	公告文号
457	经济林与花卉培育	LY/T 3005.1—2018	杜仲综合体 第1部分 良种选育技术规程	LY/T 1561—2015	2018［18］
		LY/T 3005.2—2018	杜仲综合体 第2部分 采穗圃营建技术规程	LY/T 2641—2016	
		LY/T 3005.3—2018	杜仲综合体 第3部分 嫁接育苗技术规程	LY/T 2642—2016	
		LY/T 3005.4—2018	杜仲综合体 第4部分 果用杜仲栽培技术规程	LY/T 2704—2016	
		LY/T 3005.5—2018	杜仲综合体 第5部分 雄花用杜仲栽培技术规程		
		LY/T 3005.6—2018	杜仲综合体 第6部分 材药兼用杜仲栽培技术规程		
		LY/T 3005.7—2018	杜仲综合体 第7部分 叶用杜仲栽培技术规程		
		LY/T 3005.8—2018	杜仲综合体 第8部分 剥皮再生技术规程		
		LY/T 3005.9—2018	杜仲综合体 第9部分 种仁质量等级		
458	经济林与花卉培育	LY/T 3007—2018	油橄榄低产园改造技术规程		2018［18］
459	经济林与花卉培育	LY/T 3008—2018	经济林品种区域试验方法		2018［18］
460	经济林与花卉培育	LY/T 3009—2018	经济林嫁接方法		2018［18］
461	经济林与花卉培育	LY/T 3050—2018	辣木栽培技术规程		2018［18］
462	经济林与花卉培育	LY/T 3051—2018	锥栗栽培技术规程		2018［18］
463	经济林与花卉培育	LY/T 3052—2018	桑树栽培技术规程		2018［18］
464	经济林与花卉培育	LY/T 3053—2018	核桃楸油料林栽培技术规程		2018［18］
465	经济林与花卉培育	LY/T 3054—2018	榆叶梅油料林栽培技术规程		2018［18］
466	经济林与花卉培育	LY/T 3055—2018	红豆树苗木培育技术规程		2018［18］
467	经济林与花卉培育	LY/T 3056—2018	紫檀培育技术规程		2018［18］

续表

序号	分类	标准编号	标准名称	代替标准号	公告文号
468	经济林与花卉培育	LY/T 3057—2018	"清香"核桃嫁接育苗技术规程		2018 [18]
469	经济林与花卉培育	LY/T 3058—2018	紫薇扦插育苗技术规程		2018 [18]
470	经济林与花卉培育	LY/T 3059—2018	矮牵牛种苗生产技术规程		2018 [18]
471	经济林与花卉培育	LY/T 3060—2018	一串红种苗生产技术规程		2018 [18]
472	经济林与花卉培育	LY/T 3070—2018	柳树育苗技术规程		2018 [18]
473	经济林与花卉培育	LY/T 3085.1—2019	长柄扁桃 第1部分 采穗圃营建技术规程		2019 [17]
474	经济林与花卉培育	LY/T 2131—2019	山核桃培育技术规程	LY/T 2131—2013	2019 [17]
475	经济林与花卉培育	LY/T 3099—2019	主要商品热带兰花种苗栽培技术与质量等级		2019 [17]
476	经济林与花卉培育	LY/T 3109—2019	油用牡丹种子园建设技术规程		2019 [17]
477	经济林与花卉培育	LY/T 3110—2019	经济林产地环境检测抽样技术规范		2019 [17]
478	经济林与花卉培育	LY/T 3174—2020	木槿培育技术规程		2020 [06]
479	经济林与花卉培育	LY/T 3175—2020	接骨木培育技术规程		2020 [06]
480	经济林与花卉培育	LY/T 3176—2020	梅花培育技术规程		2020 [06]
481	经济林与花卉培育	LY/T 3177—2020	主要宿根花卉露地栽培技术规程		2020 [06]
482	经济林与花卉培育	LY/T 2201—2020	榛培育技术规程	LY/T 2201—2013 LY/T 2205—2013	2020 [06]
483	机械设备	LY/T 1169—2016	森林工程 林业架空索道 架设、运行和拆转技术规范	LY/T 1169—1995	2016 [01]
484	机械设备	LY/T 2685—2016	航空静电喷雾设备应用技术规范		2016 [17]
485	机械设备	LY/T 2723—2016	林业机械 电动鼓式枝丫切碎机		2016 [17]

续表

序号	分类	标准编号	标准名称	代替标准号	公告文号
486	机械设备	LY/T 2724—2016	车载式高压细水雾灭火机		2016 [17]
487	机械设备	LY/T 2725—2016	林业机械 便携式油锯 反弹试验		2016 [17]
488	机械设备	LY/T 2726—2016	林业机械 便携式油锯 机油泵		2016 [17]
489	机械设备	LY/T 1196—2016	林业机械 便携式脉冲烟雾机	LY/T 1196.1—2004 LY/T 1196.2—2004	2016 [17]
490	机械设备	LY/T 2727—2016	林业机械 以汽油机为动力的杆式棕榈果采摘机		2016 [17]
491	机械设备	LY/T 2728—2016/ISO 21299: 2009	坐骑式草地养护设备 滚翻保护结构（ROPS）试验程序和认定准则		2016 [17]
492	机械设备	LY/T 1188—2016	林业机械 链锯 导板	LY/T 1188—2007	2016 [17]
493	机械设备	LY/T 1187—2016	林业机械 链锯 锯链	LY/T 1187—2006	2016 [17]
494	机械设备	LY/T 2729—2016	数控门扇四边锯		2016 [17]
495	机械设备	LY/T 2730—2016	连续平压式热压机		2016 [17]
496	机械设备	LY/T 1605—2016	园林机械 以汽油机为动力的手扶随进滚动式草坪打孔机	LY/T 1605—2002	2016 [17]
497	机械设备	LY/T 2731—2016	蜂窝板热压机		2016 [17]
498	机械设备	LY/T 2732—2016	数控裁板机		2016 [17]
499	机械设备	LY/T 2733—2016	木门门锁、铰链孔槽组合加工机		2016 [17]
500	机械设备	LY/T 2734—2016	单板堆垛机		2016 [17]
501	机械设备	LY/T 1470—2016	纵向刨切机	LY/T 1470—1999 LY/T 1471—1999 LY/T 1472—1999	2016 [17]

续表

序号	分类	标准编号	标准名称	代替标准号	公告文号
502	机械设备	LY/T 1568—2016	指接开榫机	LY/T 1568—1999	2016 [17]
503	机械设备	LY/T 1602—2016	无卡轴旋切机	LY/T 1602—2002	2016 [17]
504	机械设备	LY/T 1005—2016	热磨机	LY/T 1005—1991 LY/T 1107—1993 LY/T 1313—2002 LY/T 1314—2002 LY/T 1315—2002 LY/T 1342—2002	2016 [17]
505	机械设备	LY/T 1100—2016	链式刮板运输机	LY/T 1100—1993 LY/T 1099—1993	2016 [17]
506	机械设备	LY/T 1373—2016	光环投影定心机	LY/T 1373—1999	2016 [17]
507	机械设备	LY/T 1126—2016	筛环式打磨机	LY/T 1126—1993	2016 [17]
508	机械设备	LY/T 1303—2016	鼓式削片机通用技术条件	LY/T 1303—2002	2016 [17]
509	机械设备	LY/T 1467—2016	多排钻孔机	LY/T 1467—2001	2016 [17]
510	机械设备	LY/T 2886—2017	园林机械 高尔夫球场用羊挂车		2017 [11]
511	机械设备	LY/T 1621—2017	园林机械 产品型号编制方法	LY/T 1621—2004	2017 [11]
512	机械设备	LY/T 1619—2017	园林机械 以汽油机为动力的手持式绿篱修剪机	LY/T 1619—2004	2017 [11]
513	机械设备	LY/T 1808—2017	园林机械 以汽油机为动力的便携杆式修枝锯	LY/T 1808—2008	2017 [11]
514	机械设备	LY/T 2568.2—2017	园林机械 以汽油机为动力的手持式吹吸机 第2部分：组合式		2017 [11]

森林资源审计研究

续表

序号	分类	标准编号	标准名称	代替标准号	公告文号
515	机械设备	LY/T 2887—2017	林业机械 以汽油机为动力的轴向振动钩式长杆采摘机		2017 [11]
516	机械设备	LY/T 2888—2017	林业机械 步道松土除草机		2017 [11]
517	机械设备	LY/T 2889—2017	林业机械 便携式油锯 锯链润滑油性能评估测试方法		2017 [11]
518	机械设备	LY/T 2890—2017	便携式油锯 锯链制动器性能测试方法		2017 [11]
519	机械设备	LY/T 1719—2017	林业机械 便携式风水两用灭火机	LY/T 1719—2007	2017 [11]
520	机械设备	LY/T 1041—2018	林业机械 苗圃筑床机	LY/T 1041—2011	2018 [18]
521	机械设备	LY/T 3016—2018	林业机械 履带式挖树机		2018 [18]
522	机械设备	LY/T 3017—2018	园林机械 坐骑式果岭打药机		2018 [18]
523	机械设备	LY/T 3018—2018	园林机械 以锂离子电池为动力源的旋刀步进式草坪修剪机		2018 [18]
524	机械设备	LY/T 3019—2018	林业机械 以汽油机为动力的便携式割灌机和割草机 切割效率和割灌机燃油消耗率测试方法		2018 [18]
525	机械设备	LY/T 3020—2018	园林机械 以锂离子电池为动力源的手持式绿篱修剪机		2018 [18]
526	机械设备	LY/T 3021—2018	园林机械 以锂离子电池为动力源的便携式割灌机和割草机		2018 [18]
527	机械设备	LY/T 3022—2018	园林机械 以锂离子电池为动力源的便携式链锯		2018 [18]
528	机械设备	LY/T 3023—2018	园林机械 以锂离子电池为动力源的便携式吹吸、吸及吹吸风机		2018 [18]
529	机械设备	LY/T 3024—2018	林业机械 带支架的可移动手扶式挖坑机		2018 [18]
530	机械设备	LY/T 3025—2018	多功能森林消防车		2018 [18]
531	机械设备	LY/T 1011—2018	摆动筛	LY/T 1011—2001	2018 [18]
532	机械设备	LY/T 1031—2018	人造板生产用螺旋输送机	LY/T 1031—1991	2018 [18]

续表

序号	分类	标准编号	标准名称	代替标准号	公告文号
533	机械设备	LY/T 1098—2018	网带式单板干燥机 网带	LY/T 1098—1993	2018 [18]
534	机械设备	LY/T 1141—2018	成叠单板剪板机	LY/T 1141—1993	2018 [18]
535	机械设备	LY/T 1168—2018	辊筒运输机	LY/T 1168—1995	2018 [18]
536	机械设备	LY/T 1334—2018	磨刀机	LY/T 1334—2002 LY/T 1335—2002 LY/T 1336—2002	2018 [18]
537	机械设备	LY/T 1361—2018	单板挖补机	LY/T 1361—1999	2018 [18]
538	机械设备	LY/T 1423—2018	木材工业用旋风分离器	LY/T 1423—2002 LY/T 1424—2002	2018 [18]
539	机械设备	LY/T 1454—2018	人造板机械精度检验通则	LY/T 1454—1999	2018 [18]
540	机械设备	LY/T 1458—2018	单板铣边机	LY/T 1458—1999 LY/T 1459—1999 LY/T 1460—1999	2018 [18]
541	机械设备	LY/T 1455—2018	单板拼缝机	LY/T 1455—1999 LY/T 1456—1999 LY/T 1457—1999	2018 [18]
542	机械设备	LY/T 3076—2018	木地板包装设备		2018 [18]
543	机械设备	LY/T 3077—2018	拼装式门嵌卯加工机		2018 [18]
544	机械设备	LY/T 3078—2018	木门门套组合加工机		2018 [18]

续表

序号	分类	标准编号	标准名称	代替标准号	公告文号
545	机械设备	LY/T 3079—2018	连续式预压机		2018 [18]
546	机械设备	LY/T 3080—2018	竹片剖切机		2018 [18]
547	机械设备	LY/T 3081—2018	数控门扇生产线验收通则		2018 [18]
548	机械设备	LY/T 3082—2018	复合式旋切机		2018 [18]
549	机械设备	LY/T 3083—2018	C 型竹筷加工机		2018 [18]
550	机械设备	LY/T 3084—2018	木质板件贴面热压机		2018 [18]
551	机械设备	LY/T 3165—2019	林业机械 便携式割灌机和割草机 发动机性能和燃油消耗		2019 [17]
552	机械设备	LY/T 1667—2019	林业机械 驾驶员保护结构实验室验收室验收和性能要求	LY/T 1667—2006	2019 [17]
553	机械设备	LY/T 3166—2019	林业机械 以内燃机为动力的山地单轨运输机		2019 [17]
554	机械设备	LY/T 1933—2019	林业机械 自行式苗木移植机	LY/T 1933—2010	2019 [17]
555	机械设备	LY/T 3167—2019	园林机械 动力驱动的集料系统 安全		2019 [17]
556	机械设备	LY/T 3168—2019	园林机械 以锂离子电池为动力源的配刚性切割装置的修边机		2019 [17]
557	机械设备	LY/T 3169—2019	园林机械 以锂离子电池为动力源的手持式修枝链锯		2019 [17]
558	机械设备	LY/T 3170—2019	园林机械 以锂离子电池为动力源的杆式绿篱修剪机		2019 [17]
559	机械设备	LY/T 1990—2020	森林工程装备系统设计导则	LY/T 1990—2011 LY/T 1991—2011 LY/T 1992—2011 LY/T 1993—2011	2020 [06]
560	竹木加工与林产化工	LY/T 2608—2016	竹产品分类		2016 [01]

续表

序号	分类	标准编号	标准名称	代替标准号	公告文号
561	竹木加工与林产化工	LY/T 2609—2016	旋切竹单板		2016 [01]
562	竹木加工与林产化工	LY/T 2611—2016	对孟烷		2016 [01]
563	竹木加工与林产化工	LY/T 2612—2016	氢过氧化蒎烷		2016 [01]
564	竹木加工与林产化工	LY/T 1302—2016	五倍子	LY/T 1302—1999	2016 [01]
565	竹木加工与林产化工	LY/T 2613—2016	蒎烷		2016 [01]
566	竹木加工与林产化工	LY/T 2614—2016	室内竹质门		2016 [01]
567	竹木加工与林产化工	LY/T 2615—2016	木质活性炭试验方法 铝含量的测定原子吸收光谱法		2016 [01]
568	竹木加工与林产化工	LY/T 2705—2016	樟脑磺酸		2016 [17]
569	竹木加工与林产化工	LY/T 2706—2016	改性松香树脂酸气相色谱分析方法		2016 [17]
570	竹木加工与林产化工	LY/T 2707—2016	载硫脱汞颗粒活性炭		2016 [17]
571	竹木加工与林产化工	LY/T 2708—2016	长叶烯		2016 [17]
572	竹木加工与林产化工	LY/T 2709—2016	木蜡油		2016 [17]
573	竹木加工与林产化工	LY/T 2710—2016	木地板用紫外光固化涂料		2016 [17]
574	竹木加工与林产化工	LY/T 2711—2016	单板用竹集成材		2016 [17]
575	竹木加工与林产化工	LY/T 2712—2016	竹单板胶合板		2016 [17]
576	竹木加工与林产化工	LY/T 2713—2016	竹材饰面木质地板		2016 [17]
577	竹木加工与林产化工	LY/T 2714—2016	木塑门套线		2016 [17]
578	竹木加工与林产化工	LY/T 2715—2016	木塑复合外挂墙板		2016 [17]
579	竹木加工与林产化工	LY/T 2716—2016	聚氯乙烯片材饰面复合地板		2016 [17]

续表

序号	分类	标准编号	标准名称	代替标准号	公告文号
580	竹木加工与林产化工	LY/T 2717—2016	人造板产品包装通用技术要求		2016 [17]
581	竹木加工与林产化工	LY/T 2718—2016	人造板刨面密度测定方法		2016 [17]
582	竹木加工与林产化工	LY/T 2719—2016	人造板制造企业清洁生产审核指南		2016 [17]
583	竹木加工与林产化工	LY/T 2720—2016	胶合面木破率的测定方法		2016 [17]
584	竹木加工与林产化工	LY/T 2721—2016	结构用定向刨花板力学性能指标特征值的确定方法		2016 [17]
585	竹木加工与林产化工	LY/T 1171—2016	单板用湿黏性胶纸带	LY/T 1171—2006	2016 [17]
586	竹木加工与林产化工	LY/T 1787—2016	非结构用集成材	LY/T 1787—2008	2016 [17]
587	竹木加工与林产化工	LY/T 2722—2016	指接材用结构胶黏剂胶合性能测试方法		2016 [17]
588	竹木加工与林产化工	LY/T 2776—2016	木质颗粒燃料生产综合能耗		2016 [20]
589	竹木加工与林产化工	LY/T 2777—2016	单宁酸生产综合能耗		2016 [20]
590	竹木加工与林产化工	LY/T 2859—2017	对伞花烃		2017 [11]
591	竹木加工与林产化工	LY/T 2860—2017	双戊烯		2017 [11]
592	竹木加工与林产化工	LY/T 2861—2017	松香树脂酸毛细管气相色谱分析方法		2017 [11]
593	竹木加工与林产化工	LY/T 2862—2017	焦性没食子酸		2017 [11]
594	竹木加工与林产化工	LY/T 2863—2017	3，4，5－三甲氧基苯甲酸		2017 [11]
595	竹木加工与林产化工	LY/T 2864—2017	燃油蒸发排放控制炭罐用颗粒活性炭		2017 [11]
596	竹木加工与林产化工	LY/T 2865—2017	桐油		2017 [11]
597	竹木加工与林产化工	LY/T 2866—2017	余甘子粉		2017 [11]
598	竹木加工与林产化工	LY/T 2867—2017	月桂烯		2017 [11]

续表

序号	分类	标准编号	标准名称	代替标准号	公告文号
599	竹木加工与林产化工	LY/T 2868—2017	二氢月桂烯		2017 [11]
600	竹木加工与林产化工	LY/T 2869—2017	合成香叶醇		2017 [11]
601	竹木加工与林产化工	LY/T 2870—2017	绿色人造板及其制品技术要求		2017 [11]
602	竹木加工与林产化工	LY/T 2871—2017	木（竹）质容器通用技术要求		2017 [11]
603	竹木加工与林产化工	LY/T 2872—2017	木制珠串		2017 [11]
604	竹木加工与林产化工	LY/T 2873—2017	铅笔板		2017 [11]
605	竹木加工与林产化工	LY/T 2874—2017	陈列用木质挂板		2017 [11]
606	竹木加工与林产化工	LY/T 2875—2017	难燃细木工板		2017 [11]
607	竹木加工与林产化工	LY/T 1718—2017	低密度和超低密度纤维板	LY/T 1718—2007	2017 [11]
608	竹木加工与林产化工	LY/T 1697—2017	饰面木质墙板	LY/T 1697—2007	2017 [11]
609	竹木加工与林产化工	LY/T 2876—2017	人造板定制衣柜技术规范		2017 [11]
610	竹木加工与林产化工	LY/T 2877—2017	木夹板门		2017 [11]
611	竹木加工与林产化工	LY/T 2878—2017	木镶板门		2017 [11]
612	竹木加工与林产化工	LY/T 2879—2017	装饰微薄木		2017 [11]
613	竹木加工与林产化工	LY/T 2880—2017	浸渍纸层压定向刨花地板		2017 [11]
614	竹木加工与林产化工	LY/T 2881—2017	木塑复合材料氧化诱导时间和氧化诱导温度的测定方法		2017 [11]
615	竹木加工与林产化工	LY/T 2882—2017	饰面模压薄木		2017 [11]
616	竹木加工与林产化工	LY/T 2883—2017	人造板及制品中甲醛含量的测定 高效液相色谱法		2017 [11]
617	竹木加工与林产化工	LY/T 2884—2017	木栅栏		2017 [11]

续表

序号	分类	标准编号	标准名称	代替标准号	公告文号
618	竹木加工与林产化工	LY/T 2885—2017	竹百叶窗帘		2017 [11]
619	竹木加工与林产化工	LY/T 2904—2017	沉香		2017 [18]
620	竹木加工与林产化工	LY/T 2905—2017	竹缠绕复合管		2017 [18]
621	竹木加工与林产化工	LY/T 2916—2017	单板条层积材		2017 [18]
622	竹木加工与林产化工	LY/T 2917—2017	结构用集成材力学性能特征值的确定方法		2017 [18]
623	竹木加工与林产化工	LY/T 2918—2017	木框架墙体软重物撞击试验方法		2017 [18]
624	竹木加工与林产化工	LY/T 1613—2017	挤出成型木塑复合板材	LY/T 1613—2015	2017 [18]
625	竹木加工与林产化工	LY/T 1062—2017	锯材生产综合能耗	LY/T 1062—2006	2017 [18]
626	竹木加工与林产化工	LY/T 2919—2017	木塑地板生产综合能耗		2017 [18]
627	竹木加工与林产化工	LY/T 1451—2017	纤维板生产综合能耗	LY/T 1451—2008	2017 [18]
628	竹木加工与林产化工	LY/T 2982—2018	竹茶盘		2018 [05]
629	竹木加工与林产化工	LY/T 2983—2018	桐条拼板		2018 [05]
630	竹木加工与林产化工	LY/T 1507—2018	木杆	LY/T1507—2008	2018 [05]
631	竹木加工与林产化工	LY/T 1506—2018	短原木	LY/T 1506—2008	2018 [05]
632	竹木加工与林产化工	LY/T 2984—2018	原条检验		2018 [05]
633	竹木加工与林产化工	LY/T 1370—2018	原条造材	LY/T 1370—2002	2018 [05]
634	竹木加工与林产化工	LY/T 2987—2018	林业及相关产品分类		2018 [18]
635	竹木加工与林产化工	LY/T 3012—2018	室内空气净化用活性炭		2018 [18]
636	竹木加工与林产化工	LY/T 3013—2018	木质活性炭中氯化物和硫酸盐的测定 离子色谱法		2018 [18]

续表

序号	分类	标准编号	标准名称	代替标准号	公告文号
637	竹木加工与林产化工	LY/T 3014—2018	杏壳净水用活性炭		2018 [18]
638	竹木加工与林产化工	LY/T 3015—2018	塔拉粉		2018 [18]
639	竹木加工与林产化工	LY/T 1157—2018	懔材	LY/T 1157—2008	2018 [18]
640	竹木加工与林产化工	LY/T 1158—2018	椽材	LY/T 1158—2008	2018 [18]
641	竹木加工与林产化工	LY/T 1656—2018	实木包装箱板	LY/T 1656—2006	2018 [18]
642	竹木加工与林产化工	LY/T 3032—2018	废弃木质材料储存保管规范		2018 [18]
643	竹木加工与林产化工	LY/T 3033—2018	户外用木质材料涂料人工老化试验方法		2018 [18]
644	竹木加工与林产化工	LY/T 3034—2018	树脂浸渍改性木材生产通用技术要求		2018 [18]
645	竹木加工与林产化工	LY/T 3035—2018	车削类工具木柄		2018 [18]
646	竹木加工与林产化工	LY/T 3036—2018	阻燃木质材料吸湿性试验方法		2018 [18]
647	竹木加工与林产化工	LY/T 3037—2018	乙酰化木材		2018 [18]
648	竹木加工与林产化工	LY/T 3038—2018	结构用木质材料术语		2018 [18]
649	竹木加工与林产化工	LY/T 3039—2018	正交胶合木		2018 [18]
650	竹木加工与林产化工	LY/T 3040—2018	齿板连接性能测试方法		2018 [18]
651	竹木加工与林产化工	LY/T 3041—2018	木结构金属紧固件连接循环荷载性能测试方法		2018 [18]
652	竹木加工与林产化工	LY/T 3042—2018	民族乐器锯材 柳琴用材		2018 [18]
653	竹木加工与林产化工	LY/T 3043—2018	民族乐器锯材 阮用材		2018 [18]
654	竹木加工与林产化工	LY/T 1700—2018	地采暖用木质地板	LY/T 1700—2007	2018 [18]
655	竹木加工与林产化工	LY/T 3044—2018	人造板防腐性能评价		2018 [18]

续表

序号	分类	标准编号	标准名称	代替标准号	公告文号
656	竹木加工与林产化工	LY/T 3045—2018	人造板生产生命周期评价技术规范		2018 [18]
657	竹木加工与林产化工	LY/T 1509—2019	阔叶树原条	LY/T 1509—2008	2019 [17]
658	竹木加工与林产化工	LY/T 1794—2019	人造板用木片	LY/T 1794—2008	2019 [17]
659	竹木加工与林产化工	LY/T 3130—2019	木栈道铺装技术规程		2019 [17]
660	竹木加工与林产化工	LY/T 3131—2019	木质拼花地板		2019 [17]
661	竹木加工与林产化工	LY/T 3132—2019	木质移门		2019 [17]
662	竹木加工与林产化工	LY/T 3133—2019	户外用水性木器涂料		2019 [17]
663	竹木加工与林产化工	LY/T 3134—2019	室内木质隔声门		2019 [17]
664	竹木加工与林产化工	LY/T 1925—2019	防腐木材产品标识	LY/T 1925—2010	2019 [17]
665	竹木加工与林产化工	LY/T 1822—2019	废弃木材循环利用规范	LY/T 1822—2009	2019 [17]
666	竹木加工与林产化工	LY/T 3135—2019	木材剩余物		2019 [17]
667	竹木加工与林产化工	LY/T 3136—2019	旋切单板干燥质量检测方法		2019 [17]
668	竹木加工与林产化工	LY/T 3137—2019	沉香产品通用技术要求		2019 [17]
669	竹木加工与林产化工	LY/T 3138—2019	木质品耐光色牢度等级评定方法		2019 [17]
670	竹木加工与林产化工	LY/T 3139—2019	建筑墙面用实木挂板		2019 [17]
671	竹木加工与林产化工	LY/T 3140—2019	木结构销类紧固件屈服矩试验方法		2019 [17]
672	竹木加工与林产化工	LY/T 3141—2019	古建筑木构件安全性鉴定技术规范		2019 [17]
673	竹木加工与林产化工	LY/T 3142—2019	井干式木结构技术标准		2019 [17]
674	竹木加工与林产化工	LY/T 3143—2019	结构和室外用木质材料产品标识		2019 [17]

续表

序号	分类	标准编号	标准名称	代替标准号	公告文号
675	竹木加工与林产化工	LY/T 3144—2019	结构用木材金属紧固件连接试验 试材密度要求		2019 [17]
676	竹木加工与林产化工	LY/T 3145—2019	木结构—楼板、墙板和屋顶用承重板的性能规范和要求		2019 [17]
677	竹木加工与林产化工	LY/T 3146—2019	结构材纵接性能的测试方法		2019 [17]
678	竹木加工与林产化工	LY/T 3147—2019	室外木材用涂料（清漆和色漆）分类及耐候性能要求		2019 [17]
679	竹木加工与林产化工	LY/T 3148—2019	木雕及其制品通用技术要求		2019 [17]
680	竹木加工与林产化工	LY/T 3149—2019	软木制品 术语		2019 [17]
681	竹木加工与林产化工	LY/T 1320—2019	软木纸	LY/T 1320—2010 LY/T 1321—2013	2019 [17]
682	竹木加工与林产化工	LY/T 3150—2019	鞋底用软木		2019 [17]
683	竹木加工与林产化工	LY/T 3151—2019	皂荚皂苷		2019 [17]
684	竹木加工与林产化工	LY/T 3152—2019	无患子皂苷		2019 [17]
685	竹木加工与林产化工	LY/T 1324—2019	栲胶原料	LY/T 1324—2012 LY/T 1325—2012 LY/T 1326—2012 LY/T 2610—2016	2019 [17]
686	竹木加工与林产化工	LY/T 3153—2019	3，4，5-三甲氧基苯甲酸甲酯		2019 [17]
687	竹木加工与林产化工	LY/T 3154—2019	气相光催化净化用活性炭		2019 [17]
688	竹木加工与林产化工	LY/T 3155—2019	活性炭苯吸附率的测定		2019 [17]
689	竹木加工与林产化工	LY/T 3156—2019	车内空气净化用活性炭		2019 [17]
690	竹木加工与林产化工	LY/T 3157—2019	松脂化学组成分析方法 毛细管气相色谱法		2019 [17]

续表

序号	分类	标准编号	标准名称	代替标准号	公告文号
691	竹木加工与林产化工	LY/T 3158—2019	木浆生产综合能耗		2019 [17]
692	竹木加工与林产化工	LY/T 3159—2019	细木工板生产节能技术规范		2019 [17]
693	竹木加工与林产化工	LY/T 3160—2019	单板干燥机节能监测方法		2019 [17]
694	竹木加工与林产化工	LY/T 3161—2019	工业糠醛生产综合能耗		2019 [17]
695	竹木加工与林产化工	LY/T 3162—2019	胶合板生产节能技术规范		2019 [17]
696	竹木加工与林产化工	LY/T 3163—2019	浸渍纸层压积地板生产线节能技术规范		2019 [17]
697	竹木加工与林产化工	LY/T 3164—2019	竹木复合层积地板生产综合能耗		2019 [17]
698	竹木加工与林产化工	LY/T 1057—2020	船用贴面刨花板	LY 1057.1 ~ 1057.3 - 91	2020 [06]
699	竹木加工与林产化工	LY/T 1364—2020	铁路客车用胶合板	LY/T 1364—2006	2020 [06]
700	竹木加工与林产化工	LY/T 1859—2020	仿古木质地板	LY/T 1859—2009	2020 [06]
701	竹木加工与林产化工	LY/T 1279—2020	聚氯乙烯薄膜饰面人造板	LY/T 1279—2008	2020 [06]
702	竹木加工与林产化工	LY/T 1738—2020	实木复合地板用胶合板	LY/T 1738—2008	2020 [06]
703	竹木加工与林产化工	LY/T 1659—2020	人造板工业粉尘防控技术规范	LY/T 1659—2006	2020 [06]
704	竹木加工与林产化工	LY/T 3192—2020	内置电热层电采暖木质地板		2020 [06]
705	竹木加工与林产化工	LY/T 3193—2020	竹制工程材料术语		2020 [06]
706	竹木加工与林产化工	LY/T 3194—2020	结构用重组竹		2020 [06]
707	竹木加工与林产化工	LY/T 3195—2020	防腐竹材的质量要求		2020 [06]
708	竹木加工与林产化工	LY/T 3196—2020	竹林碳计量规程		2020 [06]
709	竹木加工与林产化工	LY/T 3197—2020	竹材制品碳计量规程		2020 [06]
710	竹木加工与林产化工	LY/T 3198—2020	无胶竹砧板		2020 [06]

续表

序号	分类	标准编号	标准名称	代替标准号	公告文号
711	竹木加工与林产化工	LY/T 3199—2020	铝合金增强竹塑复合型材		2020 [06]
712	竹木加工与林产化工	LY/T 3200—2020	圆竹家具通用技术条件		2020 [06]
713	竹木加工与林产化工	LY/T 3201—2020	展平竹地板		2020 [06]
714	竹木加工与林产化工	LY/T 3202—2020	竹缠绕管廊		2020 [06]
715	竹木加工与林产化工	LY/T 2222—2020	竹单板	LY/T 2222—2013	2020 [06]
716	竹木加工与林产化工	LY/T 3203—2020	竹炭远红外发射率测定方法		2020 [06]
717	竹木加工与林产化工	LY/T 3204—2020	竹展平板		2020 [06]
718	竹木加工与林产化工	LY/T 3205—2020	专用竹片炭		2020 [06]
719	其他综合性	LY/T 2735—2016	自然资源（森林）资产评价技术规范		2016 [19]
720	其他综合性	LY/T 2891—2017	国家林业局重点实验室建设规范		2017 [18]
721	其他综合性	LY/T 2932—2018	林业行政许可事项服务指南编写规范		2018 [05]
722	其他综合性	LY/T 3125—2019	林业企业能源审计规范		2019 [17]
723	其他综合性	LY/T 3171—2020	林业和草原行政许可实施规范		2020 [06]
724	其他综合性	LY/T 3172—2020	林业和草原行政许可评价规范		2020 [06]

注：（1）《国家林业局公告（2016年第1号）》发布的《马占相思树皮（LY/T 2610—2016）》、《国家林业局公告（2016年第17号）》发布的《电磁振动器（LY/T 1377—2016）》，已由《国家林业和草原局公告（2020年第10号）》发布的《杜仲雄花园营建技术规程（LY/T 2641—2016）》、《国家林业局公告（2016年第17号）》发布的

（2）《国家林业局公告（2016年第1号）》发布的《杜仲仁质量等级（LY/T 2704—2016）》，已由《国家林业和草原局公告（2018年第14号）》废止。

参 考 文 献

［1］《1988 年中国林业大事记》，国家林业和草原局官网，2009 年 9 月 3 日。

［2］安徽省审计厅课题组：《对自然资源资产离任审计的几点认识》，载《审计研究》2014 年第 6 期。

［3］班勇：《加强林业审计监督 发展林业产业经济》，载《安徽林业》1995 年第 1 期。

［4］蔡国荣：《福建省国有林场森林资源内部审计的几点建议》，载《绿色财会》2017 年第 2 期。

［5］曹国强：《对林业内部审计工作现状的思考》，载《绿色财会》2009 年第 4 期。

［6］陈平留、刘健、陈昌雄等：《森林资源资产评估》，高等教育出版社 2009 版。

［7］陈雄、吕立志：《人与自然是生命共同体》，载《红旗文稿》2019 年第 16 期。

［8］陈燕丽、王普查：《我国自然资源资产负债表构建与运用研究——以政府官员离任审计为视角》，载《财经问题研究》2017 年第 2 期。

［9］陈英：《与时俱进 努力做好林业内部审计工作》，载《林业财务与会计》2003 年第 8 期。

［10］陈莹、勒小汶：《注册会计师审计职业道德的失范与重塑》，载《福建广播电视大学学报》2004 年第 5 期。

［11］陈裕德、林因鸿：《林业站审计的现状及对策》，载《林业财务与会计》2000 年第 3 期。

［12］崔洪章、马洪刚：《社会审计行业要大力加强职业道德建设》，载《山东审计》1997 年第 4 期。

［13］杜泽艳、蒋葵：《领导干部森林资源资产离任审计评价指标体系

研究》，载《中国乡镇企业会计》2018 年第 11 期。

[14] 高立：《浅谈林业项目资金审计》，载《绿色财会》2010 年第 1 期。

[15] 高学余：《我国内部审计职业道德规范比较研究》，载《财务与金融》2009 年第 4 期。

[16] 耿国彪：《让生态教育在课堂生根发芽》，载《绿色中国》2019 年第 14 期。

[17] 耿国彪：《天保工程：4000 亿元投入换来 2.75 亿亩公益林》，载《绿色中国》2019 年第 8 期。

[18]《关于印发〈森林经营方案编制与实施纲要〉（试行）的通知》，国家林业局公报，2007 年。

[19] 桂汪兰：《森林资源审计智能化技术探讨》，载《现代农业科技》2017 年第 1 期。

[20] 郭春兰、王冬梅：《浅谈森林资源资产审计》，载《林业经济》1995 年第 2 期。

[21] 郭振平：《林业项目资金审计方法》，载《河北林业科技》2011 年第 1 期。

[22] 郭志英：《国家审计职业道德建设存在的问题及对策分析——基于问卷调查的启示》，载《中国市场》2013 年第 25 期。

[23] 何轶晔：《A 市领导干部森林资源资产离任审计研究》，天津大学硕士学位论文，2018 年。

[24] 贺玮琦：《领导干部森林资源资产离任审计评价指标体系构建研究》，北京林业大学硕士学位论文，2017 年。

[25] 贺玮琦、张岩：《领导干部森林资源资产离任审计评价指标探讨》，载《林业经济》2017 年第 3 期。

[26] 洪增林、张洪涛、张国伟等：《坚持人与自然和谐共生，推动生态文明建设——"美丽秦巴"专家笔谈》，载《自然资源学报》2020 年第 2 期。

[27] 胡三：《加强森林资源管理 不断提升森林质量》，载《绿色中国》2019 年第 24 期。

[28] 黄承梁：《新时代生态文明建设的发展态势》，载《红旗文稿》2020 年第 6 期。

[29] 黄振宁：《世界银行贷款林业项目审计风险控制探析》，载《广西

林业》2009 年第 1 期。

［30］嵇小凡：《森林资源资产离任审计评价指标体系构建研究》，安徽财经大学硕士学位论文，2019 年。

［31］贾建锋、唐贵瑶、李俊鹏等：《高管胜任特征与战略导向的匹配对企业绩效的影响》，载《管理世界》2015 年第 2 期。

［32］贾玮：《森林资源资产审计评价指标体系研究》，山东工商学院硕士学位论文，2019 年。

［33］姜孟霞：《实行森林资源审计扭转森林资源危机》，载《林业资源管理》1991 年第 3 期。

［34］蒋南平：《〈当代中国金融审计研究（1983—2018）〉评介》，载《财经问题研究》2020 年第 4 期。

［35］金阿宁、田勇泉、赵太阳：《中医学"卓越医生"胜任力特征模型的构建》，载《中南大学学报（医学版)》2014 年第 5 期。

［36］寇晓峰：《林业企业内部审计思考》，载《中国经贸》2012 年第 16 期。

［37］李冬云：《基于国有林场森林资源内部审计分析》，载《中国国际财经（中英文)》2017 年第 17 期。

［38］李四能：《地方领导干部自然资源资产离任审计难点与对策研究》，载《中共福建省委党校（福建行政学院）学报》2020 年第 2 期。

［39］李蔚河：《外资林业项目审计方法初探》，载《理财（学术版)》2014 年第 4 期。

［40］李小静、刘林忠、谢宝等：《基于云理论的三时估计法计算行程时间可靠度》，载《北京工业大学学报》2015 年第 2 期。

［41］李雪、邵金鹏：《注册会计师审计职业道德的失范与重塑》，载《科技广场》2003 年第 4 期。

［42］李燕青、谢庆、王岭等：《云理论在配电网络变电站选址定容中的应用》，载《中国电机工程学报》2014 年第 4 期。

［43］李一：《习近平"绿水青山就是金山银山"思想的价值意蕴和实践指向》，载《南京邮电大学学报（社会科学版)》2016 年第 2 期。

［44］李英、刘国强：《新中国自然资源核算的新突破——十八届三中全会提出编制自然资源资产负债表》，载《会计研究》2019 年第 12 期。

［45］李治帮、艾艳：《六枝特区新一轮退耕还林回顾及存在问题与对

策建议》，载《农家科技：中旬刊》2020 年第 3 期。

［46］李宗彦：《研究审计伦理判断能力能否通过教育提高——基于审计教育国际化项目的实验》，载《审计研究》2014 年第 3 期。

［47］梁宝兰：《浅议内部审计职业道德建设》，载《山西科技》2008 年第 4 期。

［48］梁丽、许彦红、黄泽远、吉灵波：《森林资源资产评估清单存在的主要问题及对策》，载《中南林业调查规划》2015 年第 1 期。

［49］梁栩凌：《基于胜任特征的传媒人才管理模式研究》，载《当代传播》2014 年第 5 期。

［50］廖良才、范林军、王鹏：《一种基于云理论的组织绩效评估方法》，载《系统工程》2010 年第 1 期。

［51］林忠华：《探索领导干部自然资源资产离任审计》，载《特区实践与理论》2014 年第 4 期。

［52］刘成立：《专业胜任能力、独立性、法律风险与审计质量》，载《南京审计学院学报》2006 年第 3 期。

［53］刘晓燕、邱道尊：《乡镇领导干部自然资源资产离任审计探析》，载《中国审计》2019 年第 9 期。

［54］刘训河、邓必平：《森林资源资产离任审计评价研究》，载《绿色科技》2019 年第 22 期。

［55］刘志远、许家忠等：《林业企业内部审计需要改革》，载《林业经济》2003 年第 1 期。

［56］陆晓光、龚其国：《处级领导干部胜任特征模型的实证研究》，载《管理评论》2014 年第 5 期。

［57］陆应祥：《国有森林资源审计刍议》，载《林业资源管理》1988 年第 6 期。

［58］吕培俭：《纪念〈审计法〉颁布十周年笔会——推进审计工作发展的重要法宝》，载《审计研究》2004 年第 4 期。

［59］栾容贤：《浅谈内部审计的职业道德》，载《山东审计》1997 年第 7 期。

［60］马仁锋、侯勃、窦思敏、王腾飞：《森林资源资产地域审计重点筛选模型构建及应用》，载《南京林业大学学报（自然科学版）》2018 年第 4 期。

［61］毛志清：《对林业规费审计容易收款难的认识与体会》，载《林业财务与会计》1998年第11期。

［62］毛志清：《林业部门基建审计操作方法的探讨》，载《林业财务与会计》2000年第4期。

［63］莫峥：《森林的世界》，载《林业与生态》2013年第2期。

［64］潘群英：《基于国有林场森林资源内部审计探析》，载《审计与理财》2019年第10期。

［65］戚振东、尹平：《国家治理视角下的审计全覆盖：一个理论框架》，载《学海》2015年第6期。

［66］秦龙俊：《县级领导干部森林资源资产离任审计探讨》，载《财会学习》2020年第9期。

［67］秦荣生、卢春泉：《审计学》，中国人民大学出版社2011年版。

［68］秦书生：《改革开放以来中国共产党生态文明建设思想的历史演进》，载《中共中央党校学报》2018年第2期。

［69］屈巍巍：《加强林业企业内部审计的对策》，载《绿色财会》2011年第8期。

［70］肜芳珍：《试论社会审计人员的职业道德》，载《洛阳工业高等专科学校学报》2000年第3期。

［71］尚均祥：《加强林业内部审计监督努力为林业经济建设服务》，载《林业财务与会计》1999年第1期。

［72］邵晶：《林业企业内部审计工作存在的问题与对策》，载《中国林业经济》2013年第5期。

［73］沈茂成：《提高认识 加强领导 推进林业审计工作的全面开展——林业部沈茂成副部长在全国林业审计工作会议上的讲话》，载《绿色财会》1995年第5期。

［74］审计署驻林业部审计局：《加强信贷资金管理74促进林业生产发展——关于林业项目贷款审计调查的综合报告》，载《绿色财会》1995年第3期。

［75］史临阁：《论审计人员的职业道德》，载《经济问题》1989年第1期。

［76］帅宗和：《关于贯彻〈林业系统内部审计工作规定〉的意见》，载《绿色财会》1996年第7期。

［77］帅宗和：《认真贯彻〈审计法〉把林业审计工作推向新阶段》，载《绿色财会》1995 年第 3 期。

［78］司琦、李明昌、梁书秀等：《基于云理论的海洋水环境质量评价方法研究》，载《数学的实践与认识》2015 年第 7 期。

［79］宋善允：《建设生态文明要强化"四讲"》，载《人民论坛》2017 年第 33 期。

［80］孙方社：《CPA 审计职业道德缺失现状及控制研究》，载《中国乡镇企业会计》2013 年第 10 期。

［81］孙海峰：《内部审计人员职业道德建设》，载《中小企业管理与科技》2007 年第 11 期。

［82］孙煌：《浅谈审计职业道德》，载《道德与文明》1992 年第 6 期。

［83］孙平：《推进绩效审计在林业工程审计中的应用》，载《林业经济》2010 年第 4 期。

［84］孙青云：《浅谈森林资源审计》，载《内蒙古林业》1988 年第 11 期。

［85］孙欣：《浅谈基层领导干部自然资源资产离任审计工作》，载《中国审计》2018 年第 24 期。

［86］谭德凤、董加胜：《国有林场森林资源审计与目标管理初探》，载《江苏林业科技》1999 年第 4 期。

［87］谭晶：《林业内部审计如何为经济发展服务》，载《林业财务与会计》2003 年第 12 期。

［88］谭清华：《生态扶贫：生态文明视域下精准扶贫新路径》，载《福建农林大学学报（哲学社会科学版）》2020 年第 2 期。

［89］陶玉侠、谢志华：《自然资源资产离任审计相关问题思考》，载《财会通讯》2014 年第 34 期。

［90］田民浩：《浅议内部审计人员职业道德问题及对策》，载《中国内部审计》2014 年第 8 期。

［91］王帆：《森林资源离任审计内容研究》，载《财会通讯》2018 年第 19 期。

［92］王贵生：《论审计机关的职业道德教育》，载《河北审计》1999 年第 9 期。

［93］王玲：《加强企业内部审计职业道德建设》，载《中国市场》2010 年第 22 期。

［94］王玲：《浅谈内部审计职业道德建设》，载《现代经济信息》2013年第 17 期。

［95］王明旭：《森林康养 100 问》，载《林业与生态》2018 年第 4 期。

［96］王琪：《20 年，全国退耕还林还草 5 亿亩》，载《国土绿化》2019 年第 7 期。

［97］王术华：《林业财政专项资金绩效管理研究》，北京林业大学博士学位论文，2014 年。

［98］王嗣亮：《森林资源资产责任审计评价指标体系研究》，贵州财经大学硕士学位论文，2016 年。

［99］王晓丽、孟宪波：《我国财政资金绩效审计研究述评》，载《会计师》2013 年第 4 期。

［100］王绪涛：《如何加强审计机关职业道德建设》，载《湖北审计》2002 年第 4 期。

［101］王占图：《如何加强林业企业审计监督工作》，载《中国林业企业》1999 年第 5 期。

［102］魏红果、李海：《保险营销员胜任特征模型：一个定性元分析》，载《管理评论》2015 年第 7 期。

［103］魏坤：《加大林业内部审计执法力度努力为林业经济建设服务》，载《林业财务与会计》1997 年第 6 期。

［104］吴婷婷：《当代中国金融审计变化规律的创新性探索——评〈当代中国金融审计研究（1983—2018）〉》，载《云南财经大学学报》2020 年第 3 期。

［105］吴武、王良桂：《林业基建审计重点浅析》，载《中国林业》2000 年第 1 期。

［106］吴雅文、章雁：《森林资源资产离任审计评价指标体系构建》，载《新会计》2019 年第 5 期。

［107］吴珠珍：《林业内部审计风险及防范》，载《林业财务与会计》2003 年第 4 期。

［108］吴珠珍：《突出重点 扎实推进林业内部审计工作》，载《林业财务与会计》2003 年第 9 期。

［109］吴珠珍：《做好林业内部审计工作应注意的几个问题》，载《林业财务与会计》2002 年第 9 期。

[110] 肖讷敏：《森林资源资产离任审计评价指标体系构建研究》，中南林业科技大学硕士学位论文，2018 年。

[111] 谢道文、施式亮：《基于云理论与加权马尔可夫模型的矿井涌水量预测》，载《中南大学学报（自然科学版）》2012 年第 6 期。

[112] 谢胜利、王霞、陈国胜：《林业专项资金审计试点工作经验介绍》，载《审计月刊》2011 年第 3 期。

[113] 徐琦：《国家审计职业道德建设探究》，载《合作经济与科技》2009 年第 14 期。

[114] 徐艳：《现代工程师通用胜任特征模型构建》，载《经营与管理》2015 年第 5 期。

[115] 杨超、张露露、程宝栋：《中国林业 70 年变迁及其驱动机制研究——以木材生产为基本视角》，载《农业经济问题》2020 年第 6 期。

[116] 杨宏图、严晖：《内部审计人员职业道德规范》释义，载《财会月刊》2003 年第 21 期。

[117] 杨淑敏：《国家审计职业道德建设的探讨》，载《现代商业》2008 年第 12 期。

[118] 叶陈刚、朱长萍：《加强内部审计职业道德规范建设的举措》，载《审计月刊》2005 年第 10 期。

[119] 佚名：《自然资源纳入离任审计，遭遇问责难？》，载《廉政瞭望》2018 年第 7 期。

[120] 余秋宏：《森林资源资产审计评价指标体系构建研究》，载《广西质量监督导报》2018 年第 11 期。

[121] 余玉苗：《论我国民间审计职业道德规范建设》，载《武汉大学学报（社会科学版）》1991 年第 5 期。

[122] 曾丽雅：《中国生态文明之路的开拓》，载《鄱阳湖学刊》2013 年第 1 期。

[123] 张长江、陈良华、黄寿昌：《中国环境审计研究 10 年回顾：轨迹、问题与前瞻》，载《中国人口·资源与环境》2011 年第 3 期。

[124] 张丞：《退耕还林的环境价值及政策可持续研究》，载《农村实用技术》2019 年第 12 期。

[125] 张福康：《论我国 CPA 审计职业道德缺失与监管机制重构》，载《云南财贸学院学报》2005 年第 1 期。

[126] 张耕、高力:《加强林业项目资金审计推动林业工程健康发展》,载《河北审计》2001 年第 11 期。

[127] 张宏亮、刘恋、曹丽娟:《自然资源资产离任审计专题研讨会综述》,载《审计研究》2014 年第 4 期。

[128] 张宏民:《基于云理论的土地评估不确定性转换模型》,载《统计与决策》2013 年第 7 期。

[129] 张洪明、姜永宁、向晓铭:《回望四川退耕还林 20 年》,载《生态文明世界》2019 年第 4 期。

[130] 张乐玲:《浅谈国家审计职业道德的构建》,载《商业文化(上半月)》2012 年第 2 期。

[131] 张玲玲:《构建我国财政资金绩效审计体系研究——以美式绩效审计为借》,载《时代金融》2012 年第 3 期。

[132] 张鲁宁:《新时代生态文学研究拓展与创新——南京林业大学"生态文学研究工作坊"第四期综述》,载《南京林业大学学报(人文社会科学版)》2020 年第 1 期。

[133] 张乾元、冯红伟:《中国生态文明制度体系建设的历史赓续与现实发展:基于历史、现实与目标的三维视角》,载《重庆社会科学》2020 年第 1 期。

[134] 张瑞璋:《社会审计职业道德初探》,载《上海会计》1993 年第 2 期。

[135] 张薇:《我国环境审计制度变迁:解读与展望》,载《财会月刊(上)》2018 年第 9 期。

[136] 张文波、连铭:《顺应林业工作重点的转变 探索强化林业重点资金审计新思路》,载《现代审计与会计》2004 年第 2 期。

[137] 张希明、薛海春:《陕西林业审计的基本做法》,载《绿色财会》1995 年第 9 期。

[138] 张希明、薛海春:《我省林业审计要实现三个突破》,载《陕西林业》1995 年第 4 期。

[139] 张小筠、刘戒骄:《新中国 70 年环境规制政策变迁与取向观察》,载《改革》2019 年第 10 期。

[140] 张小全、侯振宏:《森林、造林、再造林和毁林的定义与碳计量问题》,载《林业科学》2003 年第 2 期。

[141] 张秀玲、韩冰：《林业企业内部审计存在的问题及对策》，载《绿色财会》2007 年第 10 期。

[142] 张绪成、张秋虹：《森林资源资产的特点及资产主体认定》，载《中国资产评估》2010 年第 8 期。

[143] 张艳、钟文胜：《审计独立性、专业胜任能力与审计职业的发展》，载《南华大学学报（社会科学版）》2006 年第 2 期。

[144] 张奕：《林业 PPP 的困境与出路》，载《浙江经济》2018 年第 5 期。

[145] 张翅飞：《开拓进取为森工经济腾飞保驾护航——全国林业实施总审计师制度工作会议综述》，载《绿色财会》1995 年第 10 期。

[146] 张跃民、李永锡：《林业内部审计思考》，载《林业财务与会计》2000 年第 2 期。

[147] 张正勇：《我国环境审计现状及发展对策研究——基于实务界的问卷调查》，载《兰州商学院学报》2009 年第 3 期。

[148] 张忠义、魏爱玲：《林业限额采伐审计的程序与方法》，载《现代审计与会计》2006 年第 11 期。

[149] 赵征平、高立等：《林业系统离任审计问题探讨》，载《林业财务与会计》2001 年第 6 期。

[150] 郑德祥、付信彬、廖晓丽等：《基于 Vague 集的森林资源审计评价方法研究——以福建省顺昌县国有林场为例》，载《林业经济》2016 年第 9 期。

[151]《中办 国办印发〈领导干部自然资源资产离任审计规定（试行）〉》，载《财务与会计》2017 年第 24 期。

[152]《中办 国办印发〈生态文明建设目标评价考核办法〉》，载《人民日报》2016 年 12 月 23 日。

[153] 周国相：《对森林资源审计的探讨》，载《林业科技情报》1994 年第 1 期。

[154] 周瑜：《天保工程建设中监理工作的三控要点》，载《湖北林业科技》2016 年第 5 期。

[155] 朱依：《基于产权理论的森林资源审计研究——以 M 县为例》，南京审计大学硕士学位论文，2019 年。

[156] Chen Chi, Park Taejin, Wang Xuhui, etc., China and India lead in greening of the world through land-use management. *Nature sustainability*, No. 2, April 2019, pp. 122 – 129.

后　记

审计是社会经济发展到一定阶段的产物，是在受托经营、受托管理所形成的经济责任关系下，基于经济监督的需要而产生的，受托经济责任关系的确立是审计产生的前提条件。历来，一提到审计就被惯性的贴上财务审计标签。诚然，审计发轫于经济领域，但近年来审计在各行各业所起的监督作用，已越来越被管理部门所认识和重视。审计范畴不断拓展，审计内容不断丰富，审计视角日趋多元。林业与审计的跨界融合，是新时代发展的必然趋势，也是必然要求。

我国国土辽阔、地形复杂、气候多样，森林资源的类型多种多样，有针叶林、落叶阔叶林、常绿阔叶林、针阔混交林、竹林、热带雨林，也是世界上森林资源增长最多和林业产业发展最快的国家。但森林资源总量相对不足、质量不高、分布不均的状况仍未得到根本性改变，林业发展还面临着巨大的压力和挑战。为确保严守林业生态红线，以及化解森林有效供给与日益增长的社会需求之间的矛盾，开展森林资源审计无疑是有力手段之一。

笔者求学林业九载，从事审计教研八年。感念于此，一直有心将所学所思著书成文，乃有此书。森林资源审计，属于交叉学科和小众领域，相关学术专著几乎未见报道。本书为笔者学术生涯中的第一本学术专著。故而，本书对于森林资源审计领域有一定参考价值，对于笔者个人则颇具重要意义。但是，受限于个人学术水平，且钻研时间不够充分，本书还是留下了些许遗憾和不足。仔细思来，主要有如下三个方面。一是对森林资源审计实务的调研还不够丰富和充分。既有审计工作保密性要求、调研协调困难等客观因素影响，也受个人工作时间及精力不允许等主观方面制约，实务调研不足进一步限制了理论研究和提炼。二是审计依据汇编还不够完整和精准。审计依据兼具稳定性和变动性特征，同时区域性特征明显，森林资源审计依据亦是如此，本书只能凭借经验析族区类、应编尽编，以供参考使用，难免缺漏。三是对森林资源审计基础理论的论述还不够全面和深入；虽然初步构建了森林资源审计理论框架，基本明确了森林资源审计要素，但与健全完善的森林资源审计理论体系仍有距离，有待进一步深化研究。

尽管如此，本书的最终出版，对我个人而言意义非凡，将大大激励我继续遨游学术海洋，勇攀学术高峰，争创学术佳绩。

本书得到福建省社会科学研究基地财务与会计研究中心资助出版，同时幸得福建江夏学院会计学院薛菁教授所主持的创新研究团队的经费资助，以及中共福建省委党校（福建行政学院）李四能教授的调研支持。在此，谨向福建省社会科学研究基地财务与会计研究中心、薛菁教授、李四能教授等给予帮助和支持的所有单位与个人表示最衷心的感谢。

念高危，则思谦冲而自牧；惧满盈，则思江海下百川。拙作一孔之见，冀望抛砖引玉，筑巢引凤聚贤才，力促森林资源审计事业新发展。

林进添
2021 年 8 月于福州

图书在版编目（CIP）数据

森林资源审计研究/林进添著. —北京：经济科学出版社，
2021. 8

（福建省社会科学研究基地财务与会计研究中心系列丛书）

ISBN 978 - 7 - 5218 - 2783 - 5

Ⅰ. ①森…　Ⅱ. ①林…　Ⅲ. ①森林资源 – 审计学
Ⅳ. ①F307. 226

中国版本图书馆 CIP 数据核字（2021）第 174665 号

责任编辑：赵　蕾
责任校对：刘　娅
责任印制：李　鹏　范　艳

森林资源审计研究

林进添／著

经济科学出版社出版、发行　新华书店经销

社址：北京市海淀区阜成路甲 28 号　邮编：100142

总编部电话：010 – 88191217　发行部电话：010 – 88191540

网址：www. esp. com. cn

电子邮箱：esp@ esp. com. cn

天猫网店：经济科学出版社旗舰店

网址：http://jjkxcbs. tmall. com

北京季蜂印刷有限公司印装

710×1000　16 开　14. 75 印张　250000 字

2021 年 11 月第 1 版　2021 年 11 月第 1 次印刷

ISBN 978 – 7 – 5218 – 2783 – 5　定价：66. 00 元

（图书出现印装问题，本社负责调换。电话：010 – 88191510）

（版权所有　侵权必究　打击盗版　举报热线：010 – 88191661

QQ：2242791300　营销中心电话：010 – 88191537

电子邮箱：dbts@ esp. com. cn）